COLEÇÃO
ABERTURA
CULTURAL

Editor
Edson Manoel de Oliveira Filho

Produção editorial, capa e projeto gráfico
É Realizações Editora

Preparação de texto
Liliana Cruz

Revisão
Nina Schipper

Cip-Brasil. Catalogação na Publicação
Sindicato Nacional dos Editores de Livros, RJ

S441v

> Scruton, Roger, 1944-
> As vantagens do pessimismo : e o perigo de falsa esperança / Roger Scruton ; tradução Fábio Faria. - 1. ed. - São Paulo : É Realizações, 2015.
> 208 p. ; 23 cm.   (Abertura cultural)
>
> Tradução de: The uses of pessimism
> ISBN 978-85-8033-216-2
>
> 1. Fé. 2. Crença e dúvida. 3. Civilização moderna. I. Faria, Fábio. II. Título. III. Série.

| 15-25944 | CDD: 234.2 |
| | CDU: 234.2 |

26/08/2015   27/08/2015

É Realizações Editora, Livraria e Distribuidora Ltda.
Rua França Pinto, 498 · São Paulo SP · 04016-002
Caixa Postal: 45321 · 04010-970 · Telefax: (5511) 5572 5363
atendimento@erealizacoes.com.br · www.erealizacoes.com.br

Este livro foi impresso pela Edições Loyola em setembro de 2015. Os tipos são da família Sabon Light Std e Frutiger Light. O papel do miolo é o off white norbrite 66g, e o da capa, cartão ningbo 250g.

AS VANTAGENS DO PESSIMISMO

E o Perigo da Falsa Esperança

Roger Scruton

TRADUÇÃO FÁBIO FARIA

É Realizações
Editora

Sumário

Prefácio

Neste livro examino o otimismo naquilo que Schopenhauer chamava de sua forma "perversa" ou "inescrupulosa" (*bedenkenlos*) e mostro o lugar do pessimismo na restauração do equilíbrio e da sabedoria na condução das questões humanas. Não acompanho Schopenhauer em sua melancolia abrangente ou na filosofia da renúncia que dela derivou. Não tenho dúvida de que São Paulo estava certo ao recomendar a fé, a esperança e o amor (ágape) como as virtudes que ordenam a vida para o bem maior. Entretanto, também não tenho dúvida de que a esperança, separada da fé e não temperada pela evidência da história, é um ativo perigoso, que ameaça não só aqueles que a abraçam, mas todos aqueles que estão ao alcance de suas ilusões.

No princípio – o velho mito assim nos diz –, os únicos mortais sobre a terra eram os homens, a quem Prometeu trouxe o fogo, desafiando Zeus. Como vingança, Zeus ordenou a criação da primeira mulher, oferecida em matrimônio ao irmão de Prometeu. Seu nome era Pandora – a que tudo doa. E, como presente de casamento, Zeus deu a ela uma caixa, instruindo-a a jamais abri-la. Finalmente, cedendo à curiosidade, ela a abriu, introduzindo no mundo a morte, a doença, o desespero, a malícia, a velhice, o ódio, a violência, a guerra e todos os outros males que conhecemos. Pandora imediatamente fechou a caixa, e uma dádiva permaneceu em seu interior – a dádiva da esperança: o único remédio, mas também o flagelo definitivo.

Minha preocupação, em primeiro lugar, é com certas falácias que parecem justificar a esperança, ou que, pelo menos, tornam a decepção suportável. Meus exemplos vêm de muitas áreas, mas têm uma característica comum, a de que demonstram, no âmago da visão otimista inescrupulosa, um erro que é tão cegamente óbvio que só alguém enredado no turbilhão do autoengano poderia ignorá-lo. É contra esse autoengano que o pessimismo se dirige. Um estudo sobre a utilidade do pessimismo revelará uma das mais interessantes características da natureza humana: a de que os erros óbvios são os mais difíceis de corrigir. Eles podem envolver erros de raciocínio, mas sua causa reside em algo mais profundo que a razão: nas necessidades emocionais que vão se defender com todas as armas disponíveis, em vez de renunciar ao conforto de suas ilusões facilmente adquiridas. Um dos meus objetivos é rastrear essas necessidades emocionais até sua fonte pré-histórica e mostrar que a civilização é sempre ameaçada por baixo, por padrões de crença e emoção que podem já ter sido úteis à nossa espécie, mas que agora não nos servem mais.

A crença de que os seres humanos podem prever o futuro ou controlá-lo segundo suas próprias conveniências não deveria ter sobrevivido a uma leitura atenta da *Ilíada*, e menos ainda do Antigo Testamento. O fato de que ela sobreviveu é um lembrete discreto de que o argumento deste livro é totalmente inútil. Você pode apreciá-lo e até mesmo concordar com ele, mas ele não exercerá nenhuma influência sobre aqueles que coloca em xeque. As irracionalidades que exploro nesta obra, como os *neuronerds* costumam dizer, estão "plugadas" no córtex humano, e não serão neutralizadas por algo tão brando quanto um simples argumento.

O tema da insensatez coletiva da humanidade não é novo, e você poderá se questionar se existe algo a ser acrescentado à grande pesquisa que o poeta escocês Charles Mackay publicou em 1852, intitulada *Extraordinary Popular Delusions and the Madness of Crowds* [Ilusões Populares Extraordinárias e a Loucura das Massas]. O estudo de Mackay sobre profecias, superstições, caça às bruxas e cruzadas é um lembrete sombrio de que todas as coisas que ele sarcasticamente descreve continuaram a ocorrer, desde que seu livro foi publicado, com a mesma frequência e com efeitos piores. Mackay achava que a humanidade tinha finalmente entrado num período de conhecimento científico, em que as multidões se permitiriam ser corrigidas pelos especialistas que, no passado, elas haviam preferido queimar nas fogueiras. Nada poderia estar mais longe da verdade. Os grandes movimentos de massa do comunismo, do nazismo e do fascismo, em que falsas esperanças acabaram se transformando em exércitos em marcha, ainda não haviam aparecido na linha do horizonte. E a ascensão do especialista científico fez pouco mais do que requalificar a caça às bruxas e os genocídios do século XX como decisões racionais, cuja necessidade a ciência havia demonstrado. A "liquidação dos *kulaks*" foi justificada pela "ciência marxista", as doutrinas racistas dos nazistas foram propostas como eugenia científica, e "O Grande Salto para o Futuro" de Mao Tsé-Tung foi considerado a simples aplicação de leis comprovadas da história. Naturalmente, a ciência era falsa; mas isso apenas demonstra que, quando a insensatez triunfa, ela o faz sempre em nome da razão.

Em um estudo mais recente intitulado *Scared to Death* [Com Medo de Morrer], Christopher Booker e Richard North examinaram as formas de pânico que varreram o mundo civilizado ao longo das duas últimas décadas. Esses pânicos demonstram o outro lado do otimismo inescrupuloso: o pessimismo igualmente inescrupuloso que surge quando a falsa esperança se esgota. Todos – da crença histérica de que dois milhões de cidadãos britânicos estavam prestes a morrer em decorrência da variação humana da doença da vaca louca à visão apocalítica do aquecimento global, do medo de que os computadores do mundo inteiro se desligassem na passagem do milênio às campanhas contra o chumbo na gasolina e contra o fumo passivo – têm sido apresentados como "ciência". E todos ignoraram as evidências e os argumentos em favor de uma conclusão preordenada, aceita porque dá direção e força a um movimento de massa dos probos, reunidos para extirpar o demônio de nosso meio. Aqueles que questionam ou resistem são escolhidos como bodes expiatórios; a caça às bruxas contra os céticos vai de mãos dadas com a adoração de heróis do tipo de Al Gore, que estão mostrando o caminho da salvação. E, quando o pânico acaba, a multidão se dispersa, não tendo obtido nem alívio nem autoconhecimento, somente a prontidão para um novo susto.

Em outros dois estudos recentes – *Como a Picaretagem Conquistou o Mundo*,[1] de Francis Wheen, e *Imposturas Intelectuais*,[2] de Alan Sokal e Jean Bricmont –, intelectuais indignados apontaram como a insensatez se instalou no cerne do debate público e também no mundo acadêmico. Essa insensatez faz parte de um enorme fundo de irracionalidade de onde os planos e esquemas dos otimistas extraem sua vitalidade. O disparate apodera-se do sentido. E assim põe em pé de igualdade a verdade e a falsidade, a razão e a desrazão, a luz e as trevas. É um golpe desferido em defesa da liberdade intelectual, como os otimistas o consideram, a saber, a liberdade de acreditar em qualquer coisa, desde que isso faça você se sentir bem.

Algumas das minhas observações foram de fato antecipadas por esses respeitáveis autores. Porém, meu propósito difere do deles. Meu tema é menos a "multidão enlouquecida" e mais o indivíduo ardiloso: aquele que, incomodado com as prescrições imperfeitas contidas nos costumes, no senso comum e no direito, anseia por outro tipo de futuro, em que essas velhas formas de compromisso não sejam mais exigidas. Os otimistas inescrupulosos acreditam que as dificuldades e desordens da humanidade podem ser superadas por algum tipo de ajuste em larga escala: é suficiente desenvolver um novo arranjo, um

---

[1] Francis Wheen, *Como a Picaretagem Conquistou o Mundo*. Trad. Vera Ribeiro. Rio de Janeiro, Record, 2007. (N. E.)

[2] Alain Sokal e Jean Bricmont, *Imposturas Intelectuais*. Trad. Max Altman. Rio de Janeiro, Record, 1999. (N. E.)

novo sistema, e as pessoas serão libertadas de sua prisão temporária rumo a um reinado de sucesso. Quando se chega ao estágio de ajudar os outros, portanto, todos os esforços são colocados num plano abstrato pela melhoria do ser humano, e nenhum sequer é colocado no campo da virtude pessoal que possa permitir-lhes desempenhar aquele pequeno papel que é dado aos humanos desempenhar na melhoria da condição de seus companheiros. A esperança, nesse estado de espírito, deixa de ser uma virtude pessoal que tempera as tristezas e os problemas, ensina a paciência e o sacrifício, e prepara a alma para o ágape. Em vez disso, ela se torna um mecanismo para transformar problemas em soluções e tristeza em exaltação, sem parar para estudar a evidência acumulada da natureza humana, que nos ensina que o único aperfeiçoamento sob nosso controle é o aperfeiçoamento de nós mesmos.

Fui grandemente beneficiado ao longo dos anos pelas discussões que mantive com Bob Grant, que leu um esboço inicial deste livro e fez muitas críticas e sugestões úteis. Meus agradecimentos vão também para aqueles que deram um exemplo, ao seguir a regra do ágape, lutando para amar as pessoas como seres humanos sem esperar que elas se transformassem em outra coisa. Eu destaco Gladys Sweeney e seus alunos no Institute for the Psychological Sciences, Ian Christie, Jonathan Ruffer, Helena Pechoučková, minha irmã Elizabeth e, acima de tudo, minha esposa Sophie, que teve de lidar com uma situação particularmente difícil e, ainda assim, consegue sorrir.

Sperryville, Virginia, maio de 2009. Londres,
Páscoa de 1985

Capítulo 1 | O Futuro na Primeira Pessoa

Todo avanço científico é bem recebido por aqueles que podem vislumbrar uma utilidade para ele, e geralmente é deplorado por aqueles que não conseguem fazê-lo. A história não registra os protestos que cercaram a invenção da roda. Mas certamente registra os protestos que cercaram a invenção das estradas de ferro. Para o grande crítico e filósofo social John Ruskin, as estradas de ferro eram um ataque impiedoso à tranquilidade rural; elas destruíram o senso de domicílio, desenraizaram as comunidades estabelecidas, invadiram o interior do país com uma feiura revestida de aço e o crescimento urbano desordenado. Elas nos colocaram a todos em movimento, quando o verdadeiro propósito da vida humana consiste em permanecer calmamente onde estamos. Elas representaram, em suma, o fim da civilização tal como Ruskin a conhecia.[1]

E, ainda assim, como soa excêntrico o grito sincero de protesto de Ruskin, hoje em dia. Curiosamente, as estradas de ferro da Inglaterra foram construídas de acordo com projetos muito influenciados por seus escritos e, em particular, por sua obra *As Pedras de Veneza*; elas são vistas hoje com enorme nostalgia, como símbolos de paz, de domicílio e de distância. Uma das invocações mais famosas de assentamento rural

---

[1] Ver John Ruskin, *Railways in the Lake District* (1876). In: *The Works of John Ruskin*, 39 vols. Eds. E. T. Cook e Alexander Wedderburn. London, George Allen, 1903-12, vol. 34, p. 141.

em língua inglesa – "Adlestrop", escrita pelo poeta Edward Thomas – descreve uma tranquila estação de trem do interior vista de dentro de um trem. E os ativistas contra os automóveis propõem as estradas de ferro como seu ideal de ligação segura, ambientalmente adequada e esteticamente agradável entre as cidades ao longo do continente.

O protesto de Ruskin contra as estradas de ferro perdeu sua força persuasiva. Porém, ilustra um tema importante e recorrente nos anais do progresso humano. Para Ruskin, as estradas de ferro ameaçavam um dos pontos fixos de nosso universo moral, que é a própria terra – a terra que fornece a comida que comemos, a água que bebemos e as pedras com as quais construímos; a terra que cria as distâncias entre nós, e também o conforto de nos estabelecermos lado a lado. Quando construímos, precisamos tratar a terra como um lugar de assentamento, em que nossas vidas estejam inofensivamente adaptadas tal como a dos peixes no mar. Em uma tendência similar, os ambientalistas contemporâneos reclamam que, ao explorarmos a terra para nossos propósitos efêmeros, tratamos como um mero meio aquilo que deveria ser tratado como um fim: interferimos em alguma coisa que deveria ser um ponto fixo para nós, o lugar em que os nossos experimentos autocentrados deveriam parar. Assim como Ruskin, o pessimista moderno nos está convocando a considerar o que acontece *conosco* quando antigas restrições são removidas, antigas limitações abolidas e a antiga forma de enfrentar o mundo é substituída por uma ilusão de domínio.

Em seu romance *Erewhon*, publicado em 1872, Samuel Butler descreve um país imaginário em que todas as máquinas foram proibidas. Os habitantes outrora tinham usado relógios, motores a vapor, bombas, guinchos mecânicos e todos os outros dispositivos que podiam ser admirados nas grandes feiras da Inglaterra vitoriana. Porém, ao contrário dos contemporâneos vitorianos de Butler, eles haviam percebido o terrível perigo que essas coisas representam. As máquinas, eles se deram conta, estavam sempre sendo aperfeiçoadas. Em nenhum momento haviam dado um passo atrás de volta a imperfeições que já haviam sido superadas.[2] A máquina seguinte era sempre melhor, mais versátil e mais adaptada aos seus usos do que a anterior. Inevitavelmente, portanto, o processo de aperfeiçoamento iria continuar, até que as máquinas já não precisassem dos humanos para nada – até que fossem capazes de se produzir e se reproduzir. Quando chegassem a esse estágio, como todas as criaturas obedientes à lei da evolução, as máquinas lançar-se-iam em uma luta de vida e morte contra seus concorrentes. E seu único concorrente seria o homem. Portanto, antevendo que as máquinas acabariam por destruí-los, os habitantes de Erewhon as haviam destruído.

O medo dos erewhonianos não era absurdo: ele havia sido antecipado pelos destruidores de máquinas conhecidos como luditas no início do século XIX na Inglaterra, e retornou com os agrarianistas do século XX como Hugh Massingham, Gustave Thibon e Wendell Berry. Mas sua premissa não era convincente – pelo menos para os leitores de Butler. A ideia de uma máquina que se autorreproduzisse soava para a maioria deles como mera fantasia literária. Apesar disso, sessenta anos mais tarde, Aldous Huxley publicou *Admirável Mundo Novo*, o retrato de outro país imaginário, em que os humanos são produzidos da mesma forma que as máquinas, de acordo com especificações ditadas pela política oficial. Inteligência, interesses, prazeres e dores são todos controlados, seja geneticamente, seja mediante condicionamento posterior, e todos esses aspectos da psique humana em que excentricidades, compromissos, emoções profundas e virtudes ultrapassadas possam vir a criar raízes são deliberadamente impedidos de se desenvolver. E se os humanos podem ser produzidos da mesma forma que as máquinas o são, em fábricas controladas por seres humanos, por que as máquinas não podem ser produzidas como os humanos são produzidos, através da autorreprodução?

O futuro visionário de Huxley foi um avanço importante em relação ao de Butler, uma vez que tratava daquilo que estava de fato

---

[2] Cf. Rilke, *Sonnets to Orpheus*: "*Alles Erworbene bedroht die Maschine... Nirgends bleibt sie zurück, daß wir ihr ein Mal entrönnen...*".

acontecendo no mundo exterior. Desde 1931, quando o livro foi publicado, avanços na genética, na robótica e na informática colocaram-nos diante da possibilidade de que os seres humanos escapem das limitações que até então condicionaram suas vidas. O futuro "pós-humano" promete poderes adicionais ao corpo e à mente, a imunidade à doença e ao declínio, até mesmo a vitória sobre a morte. E muitos argumentam que não temos escolha senão abraçar essa condição: ela acontecerá inevitavelmente, se não for por nenhum outro motivo, então apenas porque a ciência biológica e a tecnologia médica estão caminhando nessa direção. Por que não aprender a controlar o futuro, para impedir que ele termine por nos controlar como na distopia de Huxley? Assim, um novo tipo de otimismo surgiu, advogando um ser humano transformado, que emergirá de milhões de anos de incompetência humana em colocar todos os desastres de volta dentro da caixa de Pandora.

Em uma peça teatral célebre, *O Caso Makropulos*, que Janáček transformou em ópera, Karel Čapek explora a psique de uma mulher que herdou o elixir da vida eterna e sobreviveu por quatrocentos anos, desfrutando inúmeras vezes de todas as coisas que os seres humanos almejam: prazer, poder, influência e amor. E todas essas coisas acabaram perdendo seu encanto em função da repetição; seu coração acabou se endurecendo a todos os afetos naturais, e – sendo imortal – ela passou a encarar a fragilidade e as necessidades de seus amantes mortais com uma atitude de desgosto frio e cínico. Sua vida é desprovida de amor, não porque não possam oferecer-lhe, mas porque ela não consegue recebê-lo. Todas as ofertas, todas as renúncias, todo o sacrifício desapareceram de sua psique, e resta somente o desejo vazio pela longevidade. Percebendo, de repente, a profundeza de sua infelicidade, ela resolve abandonar o elixir e permitir que a morte reclame seu corpo. E naquele momento torna-se humana novamente, e adorável.

A moral tornada explícita em *O Caso Makropulos* está implícita na arte e na literatura ao longo dos séculos. A poesia, o teatro, a pintura e a música nos mostram que a mortalidade está inextricavelmente urdida no projeto humano das coisas: que nossas virtudes e nossos amores são as virtudes e os amores das criaturas mortais; que tudo que nos leva a cuidar uns dos outros, a sacrificar-nos e a fazer gestos sublimes e heroicos depende da constatação de que somos vulneráveis e transitórios, com direito apenas à fugacidade das coisas deste mundo. É nesse terreno que Leon Kass, filósofo e biólogo americano, defendeu aquilo que chama de a "benção da finitude" – a conexão íntima entre as coisas que valorizamos e a fugacidade da vida.[3]

Todas essas reflexões são ignoradas pelos defensores do futuro pós--humano. Ray Kurzweil, seu porta-voz mais estridente, previu a emergência, nos próximos quarenta anos, de uma "singularidade", um ponto em que a tecnologia terá avançado tanto que a natureza humana será transcendida.[4] A espécie "transumana" resultante será o produto de suas próprias decisões, desfrutando de poderes que nenhum humano comum jamais conheceu. O próprio Kurzweil é um exemplo, que avança fervorosamente rumo a seu futuro aperfeiçoamento como *Übermensch*, com seus avatares gerados por computador percorrendo diante dele os cantos mais distantes do ciberespaço. Em um dos cenários de Kurzweil, o mundo é salvo de nanorrobôs que se autorreproduziam por um avatar eletrônico chamado Ramona. E Kurzweil não registra nenhum alarme ou descontentamento em relação a essa concepção de mundo em que o futuro do homem floi legado dessa forma a suas próprias criações fictícias. Naquela era feliz, não haverá distinção entre as pessoas e as informações contidas em seus cérebros, que poderão ser imortalizadas em algum computador central benevolente, e descarregadas em qualquer outro ciborgue que possa dar a elas outra oportunidade.

A antecipação feita por Huxley a respeito dos efeitos da contracepção e da engenharia genética foi incrivelmente presciente. Porém, ela não nos preparou para os transumanistas, para os quais todos os

---

[3] Leon Kass, *Life, Liberty and the Defense of Dignity*. San Francisco, Encounter Books, 2002.

[4] Ray Kurzweil, *The Singularity is Near*. New York, The Viking Press, 2005.

desenvolvimentos perturbadores das tecnologias recentes são avanços na ciência que somente a teimosia impedirá de se tornarem avanços na liberdade, na felicidade e no poder. Huxley e Čapek procuraram mostrar que a fonte mais importante de valor humano, e a coisa que mais do que qualquer outra justifica a nossa existência por mais tempo, é a capacidade de amar. Ainda assim, essa capacidade poderá ser a primeira vítima em um mundo transumano. Pois ele será um mundo em que os seres humanos não têm necessidade daqueles que os amam enquanto vivem e que derramarão lágrimas sobre eles quando estiverem mortos.

Enquanto as preocupações dos pessimistas permanecem as mesmas, os avanços que as provocaram mudam. Os relacionamentos, a tranquilidade, a confiança e o amor foram postos em risco, Ruskin pensava, pelas estradas de ferro; as mesmas coisas foram ameaçadas, de acordo com Butler, pelas máquinas; Huxley desejava proteger o amor e a confiança contra a liberdade sexual e a engenharia genética; Čapek viu a necessidade de protegê-los contra a longevidade e, portanto, contra o progresso da medicina; e os pessimistas de hoje veem o amor e a confiança como as primeiras baixas da internet. Cada surto de otimismo voa em uma nova direção. E toda vez se convoca o respeito às fronteiras e aos limites sem os quais o amor e a confiança perecerão.

E cada vez, além disso, os admiráveis mundos novos chegam mais perto da realidade que os inspirou. Muitos pensam que o mundo de Kurzweil está praticamente nos atropelando, conforme a rede mundial de computadores tece os seus filamentos em cada cérebro humano. No futuro idealizado por Kurzweil, as pessoas se transformam em avatares, que espreitam uns aos outros no vazio ártico do ciberespaço. Isso já está acontecendo, como podemos depreender do Facebook, do MySpace e do Second Life. Ao colocarmos uma tela entre nós e os outros, enquanto mantemos controle sobre o que aparece nela, evitamos o encontro verdadeiro – negando aos outros o poder e a liberdade de desafiar-nos em nossa natureza mais profunda e convocar-nos aqui e agora a assumir a responsabilidade por nós mesmos e por eles.

A esfera da liberdade é a da responsabilidade, na qual as pessoas pagam por suas liberdades prestando contas de sua utilização. O mundo cibernético, portanto, nos relembra que a liberdade é ao mesmo tempo ameaçada e reforçada pelas novas tecnologias. Apesar de a liberdade ser um exercício do "eu", ela se materializa através do "nós"; não podemos supor que as pessoas poderão ainda obter a liberdade em um mundo onde o "nós" seja meramente imaginado e os relacionamentos e compromissos não existam mais. A liberdade na distopia de Huxley não era nada mais do que a ilusão da liberdade; e com a perda da liberdade perdeu-se compromisso e o amor. Os transumanistas prometem alegremente um futuro como o de Huxley, em que a liberdade, o amor e o compromisso desaparecem, mas no qual sua perda nunca será notada pela nova raça de *supernerds* transumanos.

Todavia, liberdade, amor e compromisso são essenciais para nossos projetos. Foi outra obra de ficção distópica que chamou a atenção para esse ponto de forma mais poderosa, e isso muito antes de Butler. Quando Mary Shelley vislumbrou a criação do monstro solitário de Frankenstein, ela viu que, se o monstro tinha de ser uma réplica humana, ele teria de ser como nós de outras formas além de sua aparência física e de sua vida animal. Ele teria de ser capaz de sentir esperança e desespero, admiração e desprezo, amor e ódio. E em sua história o monstro tornou-se mau, como você ou eu podemos nos tornar, não porque ele foi feito dessa maneira, mas porque vasculhava o mundo em busca do amor que nunca encontrou. Podemos dizer que estavam programadas no monstro aquelas capacidades morais e necessidades emocionais que são o âmago da liberdade humana. Não que Frankenstein tivesse de implantar no monstro alguma centelha peculiar de transcendência de forma a dotá-lo de livre-arbítrio. Com a palavra vem a razão, com a razão, a prestação de contas, e com a prestação de contas, todas aquelas emoções e estados de espírito que constituem a realidade sentida da liberdade.

No conflito entre os otimistas e os distópicos encontramos, portanto, uma disputa mais profunda com relação ao lugar do futuro em nosso pensamento. Como um agente racional, vejo o mundo como um teatro de ação em que eu e meus objetivos assumimos um papel central. Eu atuo para aumentar meu poder, para adquirir os meios de realizar meus objetivos, para trazer os outros para o meu lado e trabalhar com eles a fim de superar os obstáculos que me atrapalham. Essa atitude do "eu" está implantada profundamente na psique. O "eu" alcança o futuro e assevera sua prerrogativa. Ele é infinito em termos de ambição e não reconhece nenhum limite, somente os obstáculos. Nas emergências o "eu" assume o controle e agarra qualquer coisa que possa aumentar seu poder ou ampliar seu alcance. Tudo o que a engenhosidade humana possa descobrir ele voluntariosamente usará em seu favor, pesando o custo e o benefício, mas sem considerar coisa alguma como inarredavelmente fixa, e nenhum obstáculo como algo além de um obstáculo. O otimista irá, portanto, aventurar-se resolutamente no ciberespaço, assim como no mundo da engenharia genética, vendo oportunidades para aumentar o poder e o escopo do indivíduo, e negligenciando as constantes das quais, no final, dependemos, se é que alguma coisa tenha que fazer sentido para nós. É por isso que Mustapha Mond, na ficção de Huxley, exalta o mundo que ele controla – um mundo em que todos os obstáculos à felicidade, incluindo a natureza humana, foram removidos, e em que todos os desejos são satisfeitos, uma vez que o desejo e as coisas desejadas são fabricados conjuntamente. E ainda assim não existe espaço para nós nesse mundo, do qual nos afastamos com receio. E o mesmo é verdade no cibermundo de Kurzweil, um mundo conscientemente criado como uma ilusão, adquirido ao custo das únicas coisas que realmente valorizamos.

Por trás de todos os nossos projetos, como um horizonte contra o qual eles são projetados, há outra atitude bastante diferente. Estou consciente de que pertenço a uma espécie e que ela tem um lugar na natureza. Também estou consciente de que dependo dos outros de tantas formas, que se torna imperativo buscar sua aprovação. Enquanto a atitude do "eu" busca a mudança e o aperfeiçoamento, superando os desafios apresentados pela natureza, a atitude do "nós" busca a estase e a acomodação, na qual estamos de acordo com os outros e com o mundo. As coisas que ameaçam nossa necessidade de adaptação, ao destruir inteiramente nosso ambiente, enfraquecer a natureza humana ou corroer as condições sob as quais a cooperação livre é possível, despertam em nós um profundo senso de intranquilidade, até mesmo de sacrilégio. A atitude do "nós" reconhece os limites e as restrições, fronteiras que não podemos transgredir e que criam a estrutura que concede significado às nossas esperanças. Além do mais, ela se afasta dos objetivos do "eu", está preparada a renunciar a seus propósitos, por mais importantes que sejam, em prol das vantagens de longo prazo do amor e da amizade. Ela demanda uma postura de negociação em relação ao outro, e busca compartilhar não os objetivos, mas as limitações. Ela é finita na ambição e pode ser facilmente desviada; e está preparada a negociar aumentos no poder e no escopo em troca dos bens mais compensadores dos afetos sociais.

Os otimistas protestarão que a natureza humana não é estática. Mesmo sem a engenharia genética e a realidade virtual, a atitude do "eu" busca incansavelmente o caminho da invenção, e ao fazê-lo muda radicalmente o foco e o objetivo da conduta humana. A natureza humana é plástica, e ela não precisou da biotecnologia ou da internet para nos persuadir disso: é certamente implausível dizer que o ser humano de hoje, criado numa condição de abundância material, protegido dos desastres que para nossos ancestrais faziam parte do custo normal de estar vivo, é o mesmo tipo de ser que pintou os murais nas cavernas de Lascaux. Ao contrário, o novo ser humano está em vias de controlar as forças pelas quais seus ancestrais eram controlados: doença, agressividade, até mesmo a ameaça da própria morte. Ele poderá até obter um tipo de imortalidade, como Kurzweil sugere, ao armazenar o conteúdo das informações do seu cérebro em um computador, a partir do qual poderá ser transferido para futuros ciborgues.

Em contrapartida, histórias como as de Mary Shelley, Huxley e Čapek lembram-nos de que nossos conceitos morais estão enraizados na atitude do "nós", que é ameaçada pela busca irresponsável da supremacia. Quando visualizamos situações que envolvem um remodelamento da natureza humana, de modo que todas aquelas características que a moralidade tradicional foi feita para regular – agressividade, fragilidade, mortalidade; amor, esperança, desejo – ou desaparecem ou são purgadas de seus custos, conjuramos mundos que não conseguimos compreender e que de fato não nos incluem. O que ao otimista parece um ganho na liberdade é visto pelo pessimista como uma perda. Se acontecesse a nós, assim como ao selvagem de Huxley, ir parar naquelas praias imaginárias, estaríamos tão desconsolados como ele, encontrando-nos não entre nossos companheiros, mas entre máquinas.

A disputa entre os otimistas inescrupulosos e os distópicos não desaparecerá, mas será eternamente renovada à medida que novos futuros ocorram a um grupo, e um passado renovado detenha o outro. Em todas as emergências, e em todas as mudanças que eliminam velhas rotinas, os otimistas esperam mudar as coisas em proveito próprio. Eles estão tão propensos a consultar o passado quanto um batalhão que luta pela sobrevivência em uma cidade está propenso a proteger seus monumentos. Eles lutam para estar no lado vitorioso, e para encontrar a trilha para o futuro em que a luz do "eu" esteja brilhando.

A atitude do "nós", em contraste, é circunspecta. Ela vê as decisões humanas como *situadas*, limitadas pelo lugar, pelo tempo e pela comunidade; pelo costume, pela fé e pelo direito. Ela faz com que não nos deixemos levar pela corrente das coisas, mas fiquemos de lado e reflitamos. Ela enfatiza as *restrições* e os *limites*, e lembra-nos da imperfeição humana e da fragilidade das comunidades reais. Suas decisões levam em conta outras pessoas e outros tempos. Nas suas deliberações, os mortos e os não nascidos têm a mesma voz dos vivos. E sua atitude para com aqueles que dizem "pé na tábua" e "sempre em frente" é "basta a cada dia o seu mal". Ela não endossa um pessimismo abrangente, mas apenas aquela *dose* ocasional de pessimismo, com a qual se temperam as esperanças que de outra forma podem nos arruinar. É a voz da sabedoria em um mundo de ruído. E, exatamente por isso, ninguém a escuta.

Capítulo 2 | A Falácia da Melhor das Hipóteses

Let him in whose ears the low-voiced Best is killed by the clash of the First,
Who holds that if way to the Better there be, it exacts a full look at the Worst,
Who feels that delight is a delicate growth cramped by crookedness,
custom, and fear,
Get him up and be gone as one shaped awry; he disturbs the order here.[1]
"In Tenebris - II", Thomas Hardy

O poeta e historiador Robert Conquest uma vez anunciou três "leis da política", das quais a primeira declara que todos são de direita com relação àquilo que conhecem melhor.[2] Conquest definia como "de direita" alguém que nutre suspeitas pelo entusiasmo e pelas novidades, e que é respeitoso para com a hierarquia, a tradição e os costumes estabelecidos. Um sinal de ignorância, de acordo com Conquest, é a preferência pela originalidade em detrimento dos costumes, e pelas soluções radicais em detrimento da autoridade tradicional. Naturalmente, precisamos de originalidade, assim como poderemos precisar

---

[1] "Deixe aquele em cujos ouvidos o murmúrio do Melhor é abatido pelo ruído do Primeiro, / Que acredita que, se há um caminho para o Melhor, ele passa pela contemplação do Pior, / Que sente que o deleite é um cultivo delicado limitado pela maldade, pelo hábito e pelo medo, / Ponha-o de pé e livre-se dele como se fosse um monstro; ele perturba a ordem." (N. T.)

[2] As outras duas leis são: (2) qualquer organização que não seja explicitamente de direita mais cedo ou mais tarde torna-se de esquerda, e (3) a maneira mais simples de explicar o comportamento de qualquer organização burocrática é supor que ela seja controlada por uma conspiração de seus inimigos.

de soluções radicais quando as circunstâncias mudarem radicalmente. Mas precisamos dessas coisas quando as condições são excepcionais, e era contra o desejo de ver todos os casos como excepcionais que Conquest estava emitindo alertas.

Conquest escrevia como um conservador em uma atmosfera acadêmica dominada pela esquerda política. Sua própria carreira foi prejudicada quando ele manifestou argumentos pessimistas sobre o comunismo em uma época em que os otimistas haviam abraçado o comunismo como a prova de suas esperanças.[3] Porém, o que Conquest queria dizer tem um significado mais amplo. Quando se trata de nossas próprias vidas, daquilo que conhecemos e a respeito do qual adquirimos tanto compreensão quanto competência, assumimos uma visão comedida. Chamar esse comportamento de "de direita" ou "conservador" é, naturalmente, tecer um julgamento sobre política que muitos rejeitariam. Mas a questão permanece. A parteira que conhece seu trabalho respeita as soluções que foram testadas e aprovadas pelas gerações que a precederam; ela reconhece aqueles que têm autoridade, e instintivamente obedece aos seus conselhos. E ela não hesita em oferecer seus próprios conselhos. Ela compara o próprio julgamento com a sabedoria acumulada da tradição, e, se resolve correr risco, porque o problema que tem diante de si não apresenta um precedente claro, ela toma o cuidado de medir o custo da falha e assegurar-se de que pode arcar com ele.

Uma pessoa assim não é pessimista; ela é o que se poderia chamar de um otimista escrupuloso – alguém que mede a extensão de um problema e consulta o estoque existente de conhecimento e autoridade a fim de resolvê-lo, confiando na iniciativa e na inspiração quando não é possível encontrar nenhuma outra orientação, ou quando alguma

---

[3] A obra principal de Conquest, intitulada *The Great Terror*, foi publicada em 1968 e aclamada pela crítica. Para muitos foi uma apologia triunfante de sua postura anticomunista; para outros foi apenas mais uma prova de que ele não não tinha condições de lecionar em uma universidade.

peculiaridade em sua situação problemática desencadeia nela uma resposta análoga. Em tudo aquilo que conhecemos mais, e em todos os relacionamentos que nos são caros, nossa atitude é, ou normalmente é, escrupulosa dessa mesma forma. Adquirimos toda a competência que podemos, e sabemos onde buscar conselhos e orientação. E quando detectamos debilidades ou cometemos erros, esforçamo-nos para melhorar. Estamos muito conscientes de que somos apenas um entre muitos em nosso campo de especialidade, estamos prontos a acatar a opinião daqueles com conhecimento e experiência, e somos mais respeitosos para com o estoque acumulado de conhecimento dos outros do que para com a parca contribuição que nós mesmos possamos dar. É com um educado senso da primeira pessoa do plural que dispomos do conhecimento, que é nossa possessão pessoal mais segura.

Esse otimismo escrupuloso também conhece as vantagens do pessimismo e sabe quando moderar nossos planos com uma dose dele. Ele nos encoraja a levar em conta o preço da falha, a conceber a pior das hipóteses e a assumir riscos com a plena consciência do que acontecerá se os riscos não compensarem. O otimismo inescrupuloso não é assim. Ele executa saltos de pensamento que não são saltos de fé, mas uma recusa a reconhecer que a razão deixou de apoiá-lo. Ele não leva em conta o custo do fracasso ou não imagina a pior das hipóteses. Ao contrário, ele é tipificado por aquilo que chamarei de a "falácia da melhor das hipóteses". Quando lhe pedem que faça escolhas sob condições de incerteza, o otimista imagina o melhor resultado e supõe que não precisa considerar nenhum outro. Ele se devota apenas a um resultado e ou esquece de levar em conta o custo do fracasso, ou então – e este é o aspecto mais pernicioso – tenta transferir esse custo para os outros.

A falácia da melhor das hipóteses é a postura mental do jogador. Diz-se algumas vezes que os jogadores gostam de correr riscos e que isso, pelo menos, pode ser admirado neles – que tenham a coragem de arriscar o que possuem naquele jogo que os atrai. Isso é, de fato, o oposto da verdade. Os jogadores não gostam de correr riscos de maneira alguma; eles entram no jogo na total expectativa de ganhá-lo, levados por suas ilusões a se deleitar em uma sensação irreal de segurança. Em sua própria concepção, eles não estão assumindo um risco, mas simplesmente avançando rumo a um objetivo predeterminado com a total cooperação de suas faculdades e da sorte concedida por Deus. Eles estimaram a melhor das hipóteses, em que sua sorte foi assegurada por uma jogada de mestre nos dados, e que esse é o resultado rumo ao qual eles tendem inexoravelmente. A pior das hipóteses, em que eles e suas famílias estarão arruinados, ocorre-lhes, quando ocorre, como algo pelo que não podem se responsabilizar – um golpe do destino que muito provavelmente será compensado por algum sucesso futuro, e em si próprio uma fonte de prazer ao tornar esse sucesso ainda mais inevitável. Esse é o personagem descrito por Dostoiévski em *O Jogador* – seu próprio personagem, que trouxe a desgraça para si mesmo e sua família. E é esse o caráter do otimista inescrupuloso em todas as esferas.

Dispomos de um caso mais revelador no atual "enxugamento de crédito". Muitos fatores conspiraram para produzir essa crise. Porém, não precisamos olhar longe para descobrir a falácia da melhor das hipóteses em seu âmago. Os primeiros sinais podem ser detectados no Community Reinvestment Act [Projeto de Lei de Reinvestimento na Comunidade], que foi transformado em lei pelo presidente americano Carter em 1977. Essa lei determina que os bancos e outras instituições concessoras de empréstimo ofereçam hipotecas de uma maneira que atenda "às necessidades de crédito das comunidades" em que eles operam, e em particular às necessidades das famílias de baixa renda e das minorias. Em suma, ela determina que eles coloquem de lado o raciocínio normal dos credores com relação à segurança de um débito, e ofereçam crédito como parte de uma política social e não como um empreendimento comercial. O raciocínio por trás da lei era uma peça impecável de otimismo, começando com o cenário da melhor das hipóteses, segundo o qual grupos que de outra maneira estariam em desvantagem poderiam entrar na categoria de proprietários de imóveis, dando assim os primeiros passos em direção ao sonho americano. Todos se beneficiariam disso, e ninguém mais do que os bancos, que teriam ajudado suas comunidades a florescer. Na ocasião, é claro, os bancos, que tinham sido pressionados a ignorar as velhas exigências da prudência e que tinham sido proibidos por lei de levar em conta o cenário da pior das hipóteses, terminaram com um firme e crescente acúmulo de débitos impagáveis, que acabou acarretando a "crise dos *subprimes*" de 2008.

Enquanto isso, outros começaram a negociar esses débitos. Afinal de contas, o cenário da melhor das hipóteses nos diz que uma hipoteca, estando ancorada em uma moradia e, portanto, em uma coisa que todos os tomadores de empréstimo têm como seu investimento mais importante, não pode deixar de pagar juros. E uma hipoteca com taxa fixa pode ser vendida com lucro, quando as taxas de juros caem abaixo do valor acordado. O cenário da pior das hipóteses – tão óbvio que ninguém se preocupou em verificá-lo – nos diz que, quando as taxas de juro caem, o dinheiro perde seu valor e as taxas fixas ficam mais difíceis de ser pagas. O débito bom torna-se mau, independentemente do quanto foi investido no imóvel que o garante.

Alguns argumentarão que o erro aqui não reside no otimismo, mas na visão irrealista da natureza humana que lhe é subjacente. Parece-me, contudo, que o problema é mais profundo. Há uma espécie de *vício* na irrealidade que revela as formas mais destrutivas de otimismo: um desejo de anular a realidade, como a premissa a partir da qual a razão prática começa, e substituí-la por um sistema de ilusões complacentes. O "futurismo" é assim. A descrição entusiasmada das possibilidades futuras que você encontra nos textos de Buckminster Fuller[4] e Ray Kurzweil, e nas fantasias dos transumanistas e dos

---

[4] Agora ninguém se lembra mais, mas esse transumanista *avant la lettre* era o queridinho dos arquitetos progressistas, reformadores sociais e panglossianos nos anos 1960. Ver "Buckminster Fuller". In: Roger Scruton, *The Politics of Culture and Other Essays*. Manchester, Carcanet Press, 1981.

nerds, deve seu apelo às irrealidades que apresenta à inteligência dos leitores. Nesses textos, vemos o profundo apelo que o tempo verbal futuro exerce. Ao mudarmos de "é" para "será" permitimos que o irreal supere o real, e que os mundos sem limites obliterem as restrições que conhecemos.

O mesmo vício na irrealidade pode ser visto na atitude em relação ao crédito. Uma pequena dose de pessimismo lembrar-nos-ia de que quando as pessoas financiam o consumo atual mediante empréstimo a ser pago no futuro, elas estão lidando com um ativo irreal – a promessa da produção futura –, e que mil contingências poderão surgir para impedir que esse ativo seja consumado. Uma economia de crédito, portanto, depende de uma confiança compartilhada na natureza humana e no poder das promessas, em circunstâncias em que a obrigação de cumprir as promessas é cada vez menos reconhecida, precisamente porque as pessoas estão adquirindo o hábito de prorrogar os seus débitos. Nessas circunstâncias, uma ilusão peculiar assume o controle. As pessoas deixam de ver o mundo financeiro como sendo composto de seres humanos, com todas as suas fraquezas morais e projetos de interesse pessoal, e passam a vê-lo, em vez disso, como composto de gráficos e índices – símbolos que por sua vez representam ações, taxas de juros, moedas, coisas que podem ser negociadas em troca da energia humana, mas que em si são meras abstrações cujo valor econômico depende exclusivamente da confiança das pessoas nelas. O mercado de ações assume, na sua maneira de pensar, o caráter de um grande desenho animado, em que as coisas se movem na tela como se fossem propelidas por uma vida própria, apesar de a própria tela ser meramente uma projeção distante dos atos e desejos das pessoas. A verdade moral fundamental, que uma pequena dose de pessimismo teria tornado central em todas as decisões das quais o mercado depende, é que o crédito depende da confiança, e que confiança depende de responsabilidade, e que, em uma economia de crédito, na qual as pessoas procuram desfrutar agora e pagar mais tarde, a responsabilidade está constantemente definhando, vazando do sistema por meio dos próprios mecanismos que dependem dela.

Naturalmente, se o custo da inadimplência recair totalmente sobre os ombros do culpado, e os interesses do credor estiverem garantidos por uma lei eficaz de falência, não há razão para a confiança vazar do sistema. Porém, as leis de falência vêm sendo enfraquecidas, e o crédito ficou mais fácil, precisamente para que se pudesse desfrutar dos benefícios de curto prazo de uma economia em que a falácia da melhor das hipóteses prevalece. Que uma economia desse tipo não pode durar é óbvio; mas, enquanto dura, ela se regozija nas ficções que a impulsionam.

As "ilusões monetárias", por meio das quais gráficos e números exercem seu encanto sobre as pessoas cujas energias representam, podem ser testemunhadas ao longo dos séculos. Assim como o jogador compulsivo, o especulador vê a realidade em termos supersticiosos, animado por forças que se movem por vontade própria em direção ao lucro, trazendo prazer e abundância aqui e agora, e nunca confrontando o jogador esperto com o seu custo. Foi um dos papéis históricos do profeta alertar contra esse tipo de ilusão autoperpetuadora e colocar as pessoas frente a frente com a irrealidade de suas esperanças, quando essas esperanças foram transcritas na tela da fortuna monetária. Maomé foi esse profeta, e sua objeção à cobrança de juros repete uma antiga hostilidade ao dinheiro e a seus encantos. Maomé não tinha nenhuma objeção à concessão de empréstimo e à solicitação de crédito, tampouco ao mecanismo da dívida – pois essas são formas em que seres morais podem beneficiar-se mutuamente, ao depender de um fundo compartilhado de virtude. A objeção de Maomé era ao crescimento do que se poderia chamar de "patrimônio irreal". Parecia-lhe que não se faz nenhuma contribuição à economia meramente *possuindo* coisas. Florescemos como comunidades porque os bens são produzidos e distribuídos entre nós, e porque cada pessoa é capaz de satisfazer suas necessidades contribuindo com seu trabalho.

Além do mais, suponha que permitamos que as pessoas recebam juros sobre empréstimos: será que não surge uma economia espectral estranha, em que as pessoas negociam débitos – João emprestando para Paulo, e depois vendendo a dívida de Paulo para Henrique com lucro? Que tipo de negociação é esta, em que o tema é simplesmente uma cifra negativa em um extrato bancário? Além do mais, João pode fazer um seguro amparando essa dívida para o caso de Paulo não honrar o pagamento, de modo que, seja lá o que aconteça, ele consiga obter um retorno sobre seu capital, que foi usado para nenhum outro propósito além de criar uma renda em cima do trabalho de Paulo. Para o Profeta, isso parecia o trabalho do diabo: tornar todo o processo produtivo dependente da negociação de bens irreais e, além disso, evitar a vontade de Deus ao se contratar seguro contra insolvência. Os contratos de seguro foram, portanto, proibidos pelos juristas islâmicos originais, junto com qualquer empréstimo que envolvesse uma renda sobre a produção de um terceiro, em vez da oferta de pagamento futuro por um serviço.

O direito islâmico deu um passo além, recusando-se a reconhecer tanto os direitos quanto os deveres das corporações, que são – do ponto de vista moral – meras ficções. Ele, portanto, nunca aceitou a ideia de uma "companhia de responsabilidade limitada", que novamente parece ser um dispositivo para se evadir das responsabilidades. Afinal de contas, é a responsabilidade limitada que permite aos diretores das companhias arruinar seus empregados e acionistas ao mesmo tempo que concedem a si mesmos bônus generosos. Em certo sentido, não há exemplo mais vívido de "patrimônio irreal": para os devotos adeptos do Islã, o que estamos testemunhando com o colapso de *Wall Street* é o súbito desaparecimento de um sonho.

A lógica econômica de Maomé era imperfeita. O juro é a compensação pelo risco do empréstimo, e, portanto, o preço adequado do dinheiro. A companhia de responsabilidade limitada não é, ou não deveria ser, um mecanismo para proteger os diretores das responsabilidades, e sim um dispositivo para que possam responder perante os acionistas. É também um dispositivo muito eficaz, sendo responsável pela ascensão das grandes economias comerciais da Holanda e da Inglaterra no século XVII. Todas as coisas contra as quais o Profeta bradava têm um uso apropriado, incluindo o seguro. Ainda assim, ele estava certo ao pensar que elas também eram mal usadas – um mau uso em que os especuladores tiram da cabeça o *cenário da pior das hipóteses*. E eles o tiram da cabeça por causa de seu vício nas irrealidades – e em particular nas ilusões que sugerem que você sempre pode transferir para outrem o custo do fracasso.

Os profetas são pessimistas *sistemáticos*: eles tratam das imperfeições do mundo humano como definidoras dele, e propõem a sua substituição por outro tipo de esperança irreal – no caso de Maomé, a esperança de um Céu concebido infantilmente, que está até mais suprido de ilusões que o mundo daqui de baixo. Ao recomendar as vantagens do pessimismo não quero endossar esse disparate ou advogar o tipo de pessimismo sistemático que caracteriza muitos dos profetas do Antigo Testamento, por mais repletos de sabedoria que seus escritos possam ser. Ainda assim, vale a pena refletir sobre os conselhos de Maomé. Pois são os conselhos de alguém que – precisamente porque havia investido suas ilusões em outro mundo – percebeu a realidade deste mundo de maneira muito mais clara. Ele nos teria acautelado contra a insana proliferação de riscos que surgem quando as pessoas deixam de ser pessoalmente responsáveis pela inadimplência, e além do mais pensam que podem fazer um seguro que cubra quaisquer eventualidades – tirando da cabeça o fato óbvio de que as companhias de seguro também quebram exatamente como qualquer outra, e sua probabilidade de quebrar aumenta quanto maiores forem os riscos que transferimos a elas. E talvez Maomé tivesse chegado ao ponto de observar que é esse hábito de evitar o desejo de Deus – de achar que nós sempre poderemos transferir o custo de assumirmos o risco – que conduziu à noção insana de que, quando tudo mais falha, o governo aparecerá para nos salvar. Será que os governos não quebram? E por acaso não serão eles ainda mais suscetíveis de quebrar quanto mais tomam emprestado do contribuinte? Seguramente importa pouco que o dinheiro que eles tomam emprestado seja obtido de forma coercitiva, e que eles possam maquiar os números durante certo tempo a fim de cobrir o rombo na sua contabilidade. No final, esse comércio em expansão de bens irreais terá que acabar, e todos olharão para aquilo que vinham segurando nas mãos e tentando negociar furiosamente com seus vizinhos como um pedaço de papel apenas, em que não há nada escrito exceto uma vã promessa.

Não há personalidades mais contrastantes do que as de Maomé e John Maynard Keynes, o esteta irreverente, amante de Lytton Strachey[5] e Duncan Grant,[6] e o farol principal dos apóstolos de Cambridge, que foi também a maior influência sobre as políticas econômicas durante a primeira metade do século XX. Maomé bradava contra o juro e o seguro porque ambos tratam de transferir um débito para o futuro, que não pertence aos homens, e sim a Deus. Keynes assumiu a visão oposta, fazendo uma declaração que se tornou famosa: "no longo prazo, todos estaremos mortos" – em outras palavras, quanto mais para o futuro pudermos empurrar os nossos débitos, menos teremos que responder por eles. Diante das recessões econômicas, os governos deveriam estimular a demanda, dando início a projetos de grande escala que darão emprego a milhões de pessoas, que gastarão seu dinheiro aqui e agora, contribuindo assim para gerar mais demanda, que por sua vez criará mais empregos, que por sua vez...

Será que esse não seria apenas mais um exemplo de uma daquelas "ilusões monetárias" contra as quais os profetas bradam? Será que isso não significa colocar uma promessa em cima da outra em uma

---

[5] Giles Lytton Strachey (1880-1932), biógrafo, crítico literário e escritor britânico. (N. T.)

[6] Duncan James Corrowr Grant (1885-1978), pintor, cenógrafo, figurinista e designer britânico. (N. T.)

regressão infinita de responsabilidades transferidas, de modo que ninguém acaba sendo de fato responsável? Uma dose de pessimismo natural sugeriria isso. Porém, Keynes não via as coisas dessa forma. Os governos podem estimular a demanda ao tomar dinheiro emprestado usando sua própria credibilidade, e nada é mais crível do que um governo. E quando chega a hora de pagar pelo empréstimo, o governo pode tomar mais empréstimos, dessa forma constantemente empurrando suas obrigações para as gerações futuras, que, no fim das contas, não são parte daquele longo prazo em que *nós* iremos existir. E a coisa estranha é que um governo que rouba da geração seguinte a fim de comprar os votos da geração presente é considerado perfeitamente aceitável, enquanto Bernard Madoff agora vai ficar muitos anos na cadeia, acusado de fazer exatamente a mesma coisa. O contraste com a visão religiosa de Maomé, baseada que está na responsabilidade eterna de todos nós aqui e agora, não poderia ser mais vívido. Para ser justo, Keynes pretendia que suas recomendações fossem aplicadas apenas em situações de emergência, e alertou sobre a desvalorização da moeda que ocorreria se elas fossem embutidas na estrutura do governo. Porém, a ênfase colocada em *Teoria Geral do Emprego, do Juro e da Moeda* sobre o papel do governo para estimular a demanda fez escola.[7] O governo americano agora está tomando emprestados trilhões de dólares dos contribuintes futuros a fim de manter a opulência atual do mercado, tudo comprado a crédito por pessoas que não o consideram como um débito a ser pago, e sim

---

[7] Os economistas acadêmicos posteriormente argumentaram que o crédito estimula a demanda e é o principal propulsor da produção econômica, um ponto de vista que estimula o tipo de intervenção governamental associado a Keynes. Ver especialmente as duas intervenções de Ben S. Bernanke, o presidente do Federal Reserve em 2006: Ben S. Bernanke e Alan S. Blinder, "Credit, Money and Aggregate Demand". *American Economic Review*, vol. 78, n. 2, maio 1988; e Ben S. Bernanke e Mark Gertler, "Inside the Black Box: the Credit Channel of Monetary Policy Transmission", *NBER Working Papers 5146*, 1995.

como a aceitação esperta de dinheiro fácil oferecido por um otário. E muitos governos pelo mundo afora estão seguindo esse exemplo.

Existem aqueles que argumentam que a adoção da estratégia de Keynes durante a época do *New Deal* fez com que a Depressão fosse aprofundada, e adiou em vinte anos a recuperação das economias ocidentais, enquanto tornou a guerra na Europa inevitável, na medida em que a Alemanha escolheu a rota mais rápida para sair da recessão.[8] Não sei se isso é verdade. De fato, não sei se qualquer coisa que os economistas dizem é verdade. Pois a maioria deles argumenta como se não fossem seres humanos os sujeitos de sua disciplina, e sim "maximizadores de lucro", pessoas totalmente imersas e dominadas pela atitude do "eu", agindo de acordo com os princípios do custo e benefício, e nunca se preocupando em fazer a distinção entre os produtos reais e irreais, entre as formas certas e erradas de comportamento, e entre atitudes responsáveis e irresponsáveis para com as outras pessoas no presente e no futuro. Uma dose de pessimismo deveria seguramente nos acautelar contra esse tipo de ciência. Seus resultados são raramente tema de acordo entre aqueles que a estudam, e suas recomendações parecem depender mais das suposições políticas de seus proponentes do que de qualquer outro método acordado de investigação.

Tendo dito tudo isso, eu deveria acrescentar que considero o pessimismo sistemático de profetas como Jeremias não menos repleto de ilusões, e não menos destrutivo da razoabilidade comum do que o otimismo inescrupuloso contra o qual ele é dirigido. Não vejo a crise de crédito como uma refutação dos princípios do livre mercado, como uma "crise do capitalismo" ou como a queda da economia global. Eu a vejo simplesmente como uma demonstração de como as coisas fogem do controle tão logo as formas falaciosas

---

[8] Ver Amity Shlaes, *The Forgotten Man: A New History of the Great Depression*. New York, HarperCollins, 2007.

de raciocínio inserem-se na política. O livre mercado e a assunção de risco, que é parte do empreendedorismo, são bens humanos, manifestações exemplares de nossa racionalidade coletiva e, desde que sejam temperados por uma dose de pessimismo, são muito superiores às demais alternativas conhecidas. Dentro dos limites que definem o "nós", o mercado fornece a única solução pacífica para o problema da coordenação em uma sociedade de estranhos. Isso, porém, é um tópico ao qual retornarei ao considerar a "falácia do planejamento" e a "falácia da soma zero". Neste momento é mais útil oferecer um retrato do otimista escrupuloso, e mostrar qual é a utilidade de suas inclinações pessimistas.

Os otimistas escrupulosos sabem que vivem em um mundo de limitações, que alterar essas limitações é difícil e que as consequências de fazê-lo são frequentemente imprevisíveis. Eles sabem que podem muito mais facilmente ajustar a *si próprios* do que modificar as limitações sob as quais vivem, e que deveriam trabalhar nisso continuamente, não apenas pelo bem de sua própria felicidade e daqueles que amam e que dependem deles, mas também pelo bem da atitude do "nós" que respeita as constantes das quais nossos valores dependem, e que faz o máximo possível para preservá-las.

Como todos os seres racionais, os otimistas escrupulosos são pessoas que assumem riscos. Isso não significa que sejam jogadores compulsivos, que enganem a si próprios com ficções a respeito de sua boa sorte inexorável. Ao contrário. Eles assumem riscos como parte de seu desejo de melhorar as coisas, sempre contando com o custo do fracasso e avaliando o cenário da pior das hipóteses. Eles reconhecem que os riscos são tanto a escola do raciocínio prático quanto a oportunidade de melhorar as coisas. Seus princípios orientadores são dois: o de que são livres para agir e o de que eles próprios são os responsáveis pelos resultados. Portanto, avaliam cada situação à medida que ela surge, fazem suposições realistas sobre outras, e lutam para honrar seus compromissos e pagar suas dívidas.

Na crise pela qual estamos passando agora, essas pessoas não terão necessariamente feito melhor do que seus contemporâneos menos escrupulosos ou mais inclinados a profecias. Como os outros, eles teriam sido tentados pela bolha do mercado de ações; teriam sido tentados pelos bancos e pelas instituições concessoras de empréstimos, com suas promessas de crédito ilimitado e sua determinação de esconder o custo de longo prazo embutido nele. Teriam reconhecido, na economia global, oportunidades para a assunção do risco que poderia ser justificada com base nas informações disponíveis. Por outro lado, eles teriam sabido uma coisa que o mundo estava lutando para tirar da cabeça: que quando as pessoas estão sendo tentadas em todos os lugares a assumir débitos, passará a haver uma relutância crescente, e no final de alcance mundial, em pagá-los; que a honestidade passará a ser cada vez mais vista como uma fraqueza, e que se acabará por estimular o hábito de saldar um débito mediante a contratação de uma nova dívida. E em determinado momento a base de confiança será retirada e a estrutura construída sobre ela ruirá, virando poeira.

Mais importante do que tudo, os otimistas escrupulosos lutam para fixar suas esperanças da melhor forma possível naquilo que eles conhecem e compreendem, nas pessoas que estão próximas a eles e nas afeições locais de pequena escala que são a base de nossa felicidade. Eles sabem que são vulneráveis, como todo mundo, aos eventos externos e públicos, e que precisam se acautelar contra eles. Eles sabem que são membros de uma comunidade, de uma nação e de uma espécie, e que todas elas precisam agir coletivamente para garantir sua sobrevivência. Porém, o seu pessimismo lhes diz que o destino de uma comunidade não é melhorado com base em esperanças infundadas, que o trabalho em pequena escala é a melhor rota para a paz e a conciliação, e que as esperanças sem raízes são uma ameaça ao futuro da humanidade tanto quanto os perigos que elas escondem de nós. Ele também lhes diz que liberdade significa responsabilidade, e que uma sociedade em que as pessoas lutam constantemente para transferir os custos do fracasso é uma sociedade de "eus" sem o "nós".

Por mais paradoxal que isso possa parecer, portanto, tais pessoas têm uma probabilidade maior de demonstrar um espírito público, patriotismo local e os impulsos centrais do ágape ou do amor ao próximo do que aqueles que se entretêm com esperanças exultantes pelo futuro da humanidade. Os otimistas que transferiram suas esperanças em quaisquer fanfarras triunfantes para a esfera das coisas necessárias também se libertaram da necessidade de uma ação pessoal. Seu pensamento é o do aforismo de Shelley: "Homem, oh, não os homens!", ao que eles acrescentarão que os planos, os projetos e as reformas que eles criaram abolirão as velhas restrições e imperfeições sem a ajuda deles, e de qualquer forma eles vivem demasiadamente ocupados. Afinal de contas, é precisamente a fim de se libertar das preocupações que os otimistas pensam da forma que o fazem. Eles suprimiram o sentimento do "nós", com suas apreensões e trepidações, e investiram o mundo de um "eu" universal – um "eu" que de alguma forma estará cuidando das coisas. Não há necessidade de se apresentar como voluntário em um hospital ou em um clube de jovens, juntar-se ao serviço de resgate ou organizar uma festa, quando todos esses problemas foram resolvidos por meio de um plano central. Se os otimistas ainda assim se envolverem, raramente será para oferecer seu tempo e sua energia para as pessoas que eles conhecem ou para as causas locais que eles compreendem, mas para fazer campanha em prol de alguma alteração de larga escala no esquema das coisas – alguma transformação redentora, cujas consequências são tão desconhecidas para eles como o são para todas as demais pessoas.

O pessimismo judicioso nos ensina a não idolatrar os seres humanos, mas a perdoar seus defeitos e a lutar em particular por sua recuperação. Ele nos ensina a limitar nossas ambições na esfera pública e a manter abertas as instituições, os costumes e os procedimentos em que os erros são corrigidos e as falhas, confessadas, em vez de mirar algum novo arranjo em que os erros nunca são cometidos. O pior tipo de otimismo é aquele que animava Lênin e os bolcheviques, que fazia com que acreditassem que haviam colocado a humanidade na trilha da solução dos problemas residuais da história, e que fez com que também destruíssem todas as instituições e todos os procedimentos pelos quais os erros podem ser corrigidos. A máquina resultante, desprovida de qualquer mecanismo de *feedback* com relação ao seu funcionamento, continuou a operar, é verdade, por outros setenta anos. Porém, quando ela ruiu, sessenta milhões de pessoas haviam morrido como resultado da insensatez e da perversidade que foram programadas nela, e a sociedade que sobreviveu a esse desastre foi (e é) indubitavelmente a mais desmoralizada que o mundo jamais conheceu.

A questão do otimismo revolucionário manter-me-á ocupado em diversos pontos nos capítulos que se seguem. Porém, vale a pena fazer uma pausa agora para reconhecer uma consequência das falácias que irei explorar, que existem a fim de projetar a esperança para o mundo público. Todo um modo de vida é construído em cima dessas falácias, e elas conferem àqueles que as esposam uma validação e uma serenidade sem custos que nunca poderiam ser atingidas caso eles investissem suas esperanças em si mesmos e nas coisas sobre as quais podem agir com a devida compreensão. Quando essas falácias são questionadas, portanto, os otimistas tendem a dar vazão a uma raiva defensiva. Em vez de examinar suas crenças e correr o risco do enorme custo de sua reparação, eles se voltarão contra seus críticos e proferirão anátemas de teor quase religioso, do tipo que foi transmitido pela pena dos revolucionários franceses e russos e que causaram um efeito tão tóxico sobre o debate público nos tempos modernos. Os críticos dos otimistas inescrupulosos não estão apenas enganados a seus olhos, mas são maus, preocupados em destruir as esperanças de toda a humanidade e em substituir a amabilidade cordial devotada a nossa espécie por um cinismo cruel. Não deveríamos nos surpreender, portanto, quando examinamos no passado os grandes conflitos que dilaceraram o mundo desde o Iluminismo para descobrir que os otimistas têm estado muito à frente dos pessimistas em suas expressões de raiva, e que os grandes crimes – o Holocausto e o Gulag incluídos – deveriam ser depositados, no final, nas portas daqueles que se embebedaram com falsas esperanças. No que segue, dou alguns exemplos que ilustram o que tenho em mente, porém sei que nenhum otimista será persuadido por eles. Uma das características mais marcantes da mentalidade dos otimistas é que eles nunca aceitarão a responsabilidade pelos efeitos de suas próprias crenças, ou admitirão os perigos oriundos das falácias que os nortearam. Simplesmente *não há maneira* pela qual as falácias que examino neste livro possam jamais libertar a mente daqueles que se tornaram prisioneiros delas. Trata-se de um mistério, mas espero que ao longo de minha argumentação eu possa lançar alguma luz sobre esse tema. O mínimo que pode ser dito é que as falácias que me preocupam não são erros por corrigir, mas portas que se cerram por trás daqueles que passam por elas e que os mantêm para sempre na escuridão.

Porém, será que não faz parte da natureza humana nutrir esperanças dessa forma, e ter esperanças além das limitações de uma vida privada e das inspirações limitadas de um espírito público tacanho e restrito? As religiões não foram sempre alimentadas por essa esperança, e não é essa a mensagem de São Paulo, de que a fé, a esperança e o amor andam e caem juntos, de modo que, para agir como deveríamos com relação ao próximo, precisamos também viver nutrindo esperanças por ele? É verdade que as religiões na tradição de Abraão oferecem esperança: elas prometem um salvo-conduto da prisão deste mundo para a vida eterna, e a dureza da vida que elas governam aqui embaixo será contrabalançada por uma recompensa infinita no além. Porém, o efeito do otimismo nessa escala não é diferente do efeito do pessimismo moderado. A mensagem tal como compreendida pelo crente comum é a de que o reino de Deus não é deste mundo, que deveríamos proceder nesta vida com a cautela que nossos instintos nos sugerem, e que qualquer tentativa de construir o Céu na terra será tanto presunçosa quanto irracional. Somos servos da terra e de nossa própria natureza frágil e, ao despachar nossas esperanças para a esfera celestial onde elas não produzem nenhum mal, somos capazes de adotar a atitude do "nós", que é a única salvaguarda conhecida para nossos ativos coletivos aqui embaixo.

De fato, talvez seja uma das funções da religião neutralizar o otimismo. Ao transferir nossas esperanças mais especulativas da arena da ação mundana para uma esfera que não podemos alterar, uma fé transcendental liberta-nos da necessidade de acreditar que mudanças radicais estão ao alcance de nosso poder. Ela nos oferece uma abertura para o pessimismo, que testemunhamos também nas religiões primitivas, com sua ênfase na piedade, na cautela com relação aos assuntos mundanos e no perigo de evitar a vontade dos deuses. A "piedade", como Santayana a define, "é o reconhecimento do espírito de sua encarnação".[9] Ela está "mais proximamente ligada ao costume do que ao pensamento", e aquele que não a possui é alguém desenraizado, vagando "de um lugar para outro, um exilado voluntário, sempre lamuriento, sempre intranquilo, sempre sozinho". Espero que, no final deste livro, o leitor reconheça a verdade das observações de Santayana.

Os otimistas inescrupulosos, cuja visão de mundo baseada em objetivos reconhece apenas os obstáculos, mas nunca as limitações, estão sozinhos no mundo. Sua alegria é apenas superficial, uma máscara que esconde uma inquietação profunda, com receio de que a base de sustentação de suas ilusões deixe de apoiá-los. A utilização principal do pessimismo é retirar aquela postura solitária e conduzir à verdadeira primeira pessoa do plural. As pessoas escrupulosas, que temperam a esperança com uma dose de pessimismo, são

---

[9] George Santayana, *The Life of Reason*. London, 1905, p. 184.

aquelas que reconhecem limitações, não obstáculos. Existem coisas que elas não considerarão e coisas que não podem fazer, uma vez que essas coisas ameaçam a estrutura exigida pela responsabilidade individual e pelas normas consensuais da comunidade. A atitude do "nós" observa nossos planos e projetos de um ponto de vista externo, frequentemente assumindo uma atitude irônica para com as aspirações humanas, e julgando os resultados sociais mais importantes como subprodutos imprevisíveis de nossos acordos, em vez de objetivos coletivos compartilhados.

Essa última característica talvez seja a contribuição mais distintiva da resposta do "nós", e dela me ocuparei em diversos pontos nos capítulos seguintes. As pessoas escrupulosas veem a ordem da sociedade não como algo imposto como um objetivo e realizado por um esforço compartilhado, e sim como algo que emerge de uma "mão invisível" de decisões e acordos que não haviam sido previstos. Elas aceitam o mundo e suas imperfeições, não porque ele não possa ser melhorado, mas porque muitos dos aperfeiçoamentos que importam são subprodutos de nossa cooperação em vez de ser o seu objetivo. Elas reconhecem que a mão invisível produz tanto maus quanto bons resultados, e que liderança e orientação são necessárias para administrarmos com êxito as emergências. Porém, elas também reconhecem que a sabedoria raramente está contida em uma única cabeça, e é mais provável que esteja consagrada em costumes que resistiram ao teste do tempo do que nos esquemas dos radicais e dos ativistas. Tais pessoas recebem uma má cobertura por parte da imprensa, naturalmente. Mas isso ocorre porque a impressa está dominada pelos radicais e ativistas.

Capítulo 3 | A Falácia do Nascido Livre

O Contrato Social, de Rousseau, faz a famigerada declaração de que o homem nasce livre, mas está acorrentado por toda parte. Os acadêmicos discutem até hoje se Rousseau era ou não um otimista; nunca saberemos ao certo se ele de fato acreditava naquilo que escreveu; e também jamais decidiremos em termos definitivos se sua alegação de honestidade nas *Confissões* é um caso de protesto exagerado. *O Contrato Social* termina justificando as correntes que ele havia deplorado no início, e sua defesa passional da liberdade foi mais tarde utilizada para justificar a tirania dos revolucionários. Entretanto, uma coisa está clara: Rousseau forneceu a linguagem, e as avenidas de pensamento, com as quais foi possível introduzir uma nova concepção de liberdade humana, segundo a qual liberdade é aquilo que sobra quando eliminamos todas as instituições, todas as limitações, todas as leis e todas as hierarquias. E seus seguidores acreditavam que essa liberdade, uma vez obtida, se expressaria na felicidade e na irmandade da humanidade, e não na "guerra de todos contra todos" que Hobbes tinha descrito como o verdadeiro "estado de natureza". Foi a forma de pensar de Rousseau que acarretou a seguinte frase de Mirabeau, que morreu antes de vê-la refutada: "A liberdade geral livrará o mundo das opressões absurdas que esmagam a humanidade. Ela propiciará o renascimento daquela irmandade universal sem a qual todo o benefício público e privado é tão incerto e precário". Pouco tempo depois, Robespierre estabeleceria aquilo que chamou de "o despotismo da liberdade", cortando qualquer cabeça que tivesse algum problema com isso. A contagem final dos mortos, de acordo com o historiador francês René Sédillot, foi de dois milhões, com a Europa nesse ínterim mergulhada em guerras continentais que destruiriam as esperanças das pessoas mais racionais.[1]

Não quero sugerir neste momento que a Revolução Francesa tenha sido causada por uma ideia falaciosa. Isso seria simplificar aquele grande evento além da caricatura.[2] Todavia, a aquiescência dos revolucionários para com o desastre que eles causaram foi certamente facilitada pelo otimismo sem esforço de sua filosofia. E aquela filosofia não sofreu o menor revés oriundo de sua visível refutação, desta forma exemplificando a caaracterística extraordinária dos otimistas inescrupulosos que mencionei no último capítulo – sua capacidade de acreditar no impossível em face de todas as evidências em contrário. Essa mesma ideia de liberdade, como condição natural da humanidade, que quer apenas a eliminação das instituições, das estruturas e das hierarquias para ser realizada, continuou viva na política, na educação e na filosofia da arte, até os dias atuais. Ela sustentou a revolução sexual, a "revolução da relevância" na educação e os levantes sociais de 1968. Neste capítulo, considero um ou dois desses exemplos a fim de identificar os lugares onde uma pequena dose de pessimismo poderia ter retificado um enorme e custoso erro.

Mas primeiro é necessário identificar a falácia; esclarecer exatamente por que os seres humanos *não* são nascidos livres. Instituições, leis, limitações e disciplina moral são uma *parte* da liberdade e não seus inimigos, e a libertação de tais coisas rapidamente acaba com a liberdade. Esse aspecto foi observado de muitas formas e em muitos tons de voz ao longo da história, porém talvez nunca de forma tão persuasiva

---

[1] René Sédillot, *Le Coût de la Révolution Française*. Paris, Perrin, 1986.

[2] Contudo, apresentei um relato da psique revolucionária francesa em "Man's Second Disobedience". In: Roger Scruton, *The Philosopher on Dover Beach*. Manchester e South Bend, IN, St. Augustines Press, 1999.

quanto por Hegel, cujos argumentos complexos podem ser enunciados da seguinte forma simplificada.[3]

Imaginemos um mundo em que as pessoas se encontrem em um estado de natureza, sem leis ou normas sociais, cada um se virando por si mesmo na competição pelos recursos da vida. É tentador enxergar isso como uma condição de liberdade perfeita: afinal de contas, não existem limitações do tipo social, nenhuma lei ou costume, e a vontade dos indivíduos é a única autoridade governando aquilo que deveriam fazer para satisfazê-la. Entretanto, o estado de natureza inclui outros indivíduos, igualmente tencionando satisfazer seus próprios desejos, e competindo pelos recursos do mundo. A existência dos outros é a primeira limitação da ação, e a ausência de leis de forma alguma me liberta dessa limitação, mas, ao contrário, coloca-se firmemente no caminho de tudo o que faço. Inevitavelmente, aquilo que eu quero, nesse estado de natureza, também será desejado por meus rivais – pois nada determina nossos desejos além de nossa natureza humana compartilhada. Competirei com o outro pela coisa que desejo e, em condições de escassez em que somente um de nós poderá possuí-la de fato, essa competição acabará assumindo os contornos de uma guerra. Haverá uma "luta de vida e morte", como Hegel a define, pelos recursos de que ambos necessitamos.

Uma luta desse tipo é resolvida de uma ou outra forma: ou uma parte mata a outra, ou uma delas desiste. No primeiro caso, não há mudança na situação básica. O vencedor triunfa na obtenção daquilo que quer e aguarda o próximo conflito mortal para testar seus poderes. No segundo caso, porém, a situação básica é modificada. Uma parte demonstrou que prefere a vida em detrimento da liberdade, e que está preparada para abrir mão de sua vontade em face do conflito. Em outras palavras, ela adota a posição de um subordinado, e implicitamente confere ao outro a condição de senhor. O conflito entre elas, em vez de ser resolvido pela

---

[3] Refiro-me à *Fenomenologia do Espírito*, capítulo 4, parte I, e também, em algum grau, à obra de Alexandre Kojève, *Introduction à la Lecture de Hegel*. Ed. R. Queneau. Paris, Gallimard, 1947.

morte, é resolvido em um novo tipo de relacionamento humano – o da dominação. Um resíduo primitivo desse relacionamento existe em todos nós, como um traço genético de uma velha adaptação há muito superada. E testemunhamos isso nos bebês, que choram por aquilo que querem, entram em conflito com outros que querem a mesma coisa, e resolvem seus conflitos, se nenhum adulto intervier, em relações de poder, com uma parte intimidando e a outra cedendo.

Hegel descreve a relação do senhor e do escravo como uma em que a liberdade foi perdida – mas perdida por ambas as partes porque na realidade nenhuma das duas a possuía. A "liberdade" disponível no estado de natureza é uma ilusão – uma mera falta de limitações, porém sem a segurança e o reconhecimento que conferem à liberdade seus atributos humanos distintivos. É a liberdade do "eu" indomado, que pode sair por aí como quiser, mas que não tem nenhuma concepção do valor de estar aqui em vez de ali, de ganhar uma coisa em vez de outra, uma vez que ele não apresenta nenhum sentido do "nós" que endossaria seus objetivos. Ele, o suposto senhor, é um "eu" sem autoconhecimento, um "eu" no seu "imediatismo", que deseja as coisas, mas não tem ideia do seu valor. A liberdade verdadeira envolve não apenas fazer o que você quer, mas dar valor àquilo que você consegue. Ela envolve planejamento, intenção, disponibilidade de razões para a ação, e aquisição daquilo que você se dispôs a conseguir. E o pensamento principal de Hegel é que todas essas características são essencialmente características *sociais* da vontade: elas dependem das relações humanas em que nossas ações e emoções estão embutidas, e não estão disponíveis fora do contexto proporcionado pelas regras e pelos costumes de uma comunidade que se utiliza da linguagem, e pelas limitações mutuamente reconhecidas, através das quais nós não apenas corremos atrás de nossos desejos, mas também renunciamos a eles.

Hegel ilustra isso através de um exame crítico do relacionamento senhor-escravo. Suponha que uma parte tenha controle sobre outra, de modo que esteja liberada da necessidade de gastar a sua própria energia na satisfação de suas vontades. Que concepção ele adquirirá do valor das coisas que recebe? O fato de eu querer alguma coisa não é uma garantia de seu valor: não a menos que eu também tenha um sentido do meu *próprio* valor, como um ser cujo direito de existir esteja devidamente reconhecido, e cujos desejos e necessidades sejam reconhecidos como legítimos. O senhor pode exigir esse tipo de reconhecimento de seu escravo, mas como ele pode saber que o recebe? Exigir reconhecimento e respeito é fácil desde que se conquiste alguma posição de mando. Porém o respeito obtido dessa forma não é respeito verdadeiro: só se reconhece que alguém tem direito ao respeito quando este respeito é dado livremente. E o escravo não está em posição para dar livremente aquilo que seu senhor exige dele.

O escravo da mesma forma não é tratado com nenhum respeito por seu senhor, que adota uma atitude puramente prática com relação a esse ser que está sob seu jugo. Porém, o escravo tem outro caminho para o respeito, que é o caminho do trabalho. Ele age no mundo, e deixa sua marca no produto. Ele adquire, por meio de sua atividade, uma consciência fortalecida do valor daquilo que faz. Ele vê o resultado do seu trabalho como *minha* obra. Ele esculpe o mundo de acordo com sua própria imagem, mesmo que não seja para seu próprio uso. Sua autoconsciência cresce, e embora o seu senhor o trate como um meio, ele tem um sentido crescente de seu próprio valor – não como um meio, mas como um fim. Sua escravização exterior mascara uma liberdade interior que cresce com o exercício de seus poderes criativos.

O pensamento original de Hegel foi o de que a liberdade interior do escravo equivale à lassidão interior de seu senhor, e de que no tempo devido a tensão dentro de seu relacionamento faz com que o escravo assevere os poderes e o autoconhecimento que adquiriu por meio do trabalho, para reduzir o senhor mimado à servidão, e dessa forma inverter o *status* deles – um processo dialético ilustrado por Strindberg na peça *Senhorita Júlia*, e por Robin Maugham no romance *The Servant*, transformado no filme notório *O Criado*, de Harold Pinter e Joseph

Losey. Essa inversão do conflito serve para perpetuá-lo. Portanto, a relação senhor-escravo subjuga ambas as partes à regra do autointeresse, e priva ambas da liberdade genuína.

A liberdade genuína emerge apenas quando o "eu" é transcendido, e o conflito é resolvido em um estado de reconhecimento mútuo. Cada lado então renuncia à luta de vida e morte que os havia escravizado e respeita a realidade da vontade do outro. Dessa forma os benefícios não são exigidos e sim *solicitados*, e a condição de recebê-los é o desejo de ceder quando chega a sua vez. Nessas novas circunstâncias cada parte respeita a vontade e a autonomia da outra, renunciando às formas de coerção e reconhecendo a reivindicação legítima do outro por respeito. Essa é a condição que Kant sumarizou na sua teoria do Imperativo Categórico: a condição de "respeito pelas pessoas", em que as pessoas tratam umas às outras como fins em si mesmas e nunca como meios apenas. Nessa condição as pessoas são genuinamente livres, uma vez que recebem o reconhecimento e o respeito que lhes permite compreender o valor das coisas a que elas aspiram; elas estão dialogando com outros seres racionais e, por meio desse diálogo, constroem a concepção de uma razão válida para a ação, um propósito legítimo e uma realização que justifique sua busca.

O preço dessa liberdade é o preço da reciprocidade. Preciso reconhecer os direitos e as reivindicações dos outros se eu quiser ter direitos e reivindicações próprias. E, como um ser livre, sou responsável perante os outros e posso vir a ser chamado para justificar aquilo que faço. A prestação de contas e a reciprocidade permeiam todos os caminhos da sociedade humana, e são a fundação sobre a qual se assenta a paz e a felicidade. Uma vez que reconheçamos isso, porém, temos também de reconhecer que as leis, os costumes, as instituições e as limitações convencionais estão incorporadas na própria natureza da liberdade. Elas são tanto o subproduto quanto o canal de nossas negociações recíprocas. Além do mais, elas não são arbitrárias ou infinitamente ajustáveis em face de nossos desejos, mas apresentam uma lógica e uma estrutura próprias. Em uma ordem social fundada no reconhecimento mútuo, as pessoas mantêm seus próprios objetivos e suas próprias esferas de ação. Suas relações são governadas por *limitações*, não por propósitos compartilhados ou agendas impostas. Daí por que os resultados são imprevisíveis, uma vez que surgem das ações de uma mão invisível que nem sequer tencionava produzi-los. Isso é bem diferente da situação de domínio, em que uma parte planeja, decide e determina o que deve acontecer. Todavia, como argumento no Capítulo 6, é uma falácia achar que uma sociedade governada por planos e comandos está em melhor posição para prever, ou de alguma forma garantir, os resultados desejados. Além do mais, é somente em uma sociedade governada pela "mão invisível" que a igualdade verdadeira pode ser obtida: não uma igualdade de propriedade, influência ou poder, mas uma igualdade de *reconhecimento*, em que cada indivíduo está protegido pelos seus direitos de modo a ser soberano naquela esfera que o contém.

Este não é o lugar para desenvolver todas as ramificações filosóficas dessa argumentação. Porém é importante captar sua mensagem central. A vida é valiosa para nós porque *nós* somos valiosos. Nosso valor consiste em nossa liberdade e em tudo que realizamos mediante o uso apropriado dela, em particular o *ordo amoris*, a ordem do amor, que existe somente quando as pessoas se confrontam partindo de uma posição de responsabilidade. A liberdade é genuína somente quando limitada pelas leis e instituições que nos tornam responsáveis uns pelos outros, que nos obrigam a reconhecer a liberdade dos outros e também a tratar os outros com respeito. Tais leis e instituições apresentam um núcleo de moralidade universal – a "lei natural" dos juristas romanos e de Santo Tomás de Aquino, a "lei moral" de Kant ou a "Regra de Ouro" dos ensinamentos cristãos, que nos dizem que devemos fazer aos outros aquilo que desejaríamos que nos fosse feito. Elas são também compostas pela experiência histórica, e evoluem ao longo do tempo em resposta às tensões e aos conflitos das sociedades humanas. Em suma, a liberdade pertence aos indivíduos apenas em virtude de sua associação com o "nós".

Portanto, não nascemos livres: a liberdade é algo que conquistamos. E nós a conquistamos por meio da obediência. Somente a criança que aprende a respeitar e a ceder aos outros pode respeitar a si própria. E uma criança assim é aquela que internalizou as regras, os costumes e as leis que formam as fronteiras de um mundo público compartilhado. As crianças egoístas, que ignoram essas limitações, andam à solta pelo mundo público, porém não possuem uma concepção real dele como um lugar público, um local compartilhado com os outros, cujo respeito e afeição são as recompensas do bom comportamento. Elas não são livres naquele mundo, apenas sem rumo, e os obstáculos que os outros colocam em seus caminhos são uma fonte de raiva e de alienação. Crianças bem criadas assumiram como delas as limitações que tornam a liberdade possível. E essa liberdade é inseparável da sensação da validade pública e do valor do respeito pelos seus próprios objetivos e projetos.

Tudo isso deveria ser óbvio. Porém muitas pessoas parecem ser incapazes de incorporar esses pontos. Talvez o exemplo mais vívido disso esteja na revolução que varreu as escolas e os departamentos de educação durante as décadas de 1950 e 1960, e que nos dizia, com base na autoridade de uma variedade de pensadores que iam de Rousseau a Dewey, que a educação não trata da obediência e do estudo, e sim da autoexpressão e das brincadeiras. Era considerado suficiente libertar as crianças das limitações da sala de aula e do currículo tradicional, para que elas expressassem seus poderes criativos naturais, desenvolvendo-se por meio da liberdade, e adquirindo conhecimento como resultado de explorações e descobertas e não através de "decorebas".[4]

Um exemplo útil dessa falácia é fornecido pelo relatório do Central Advisory Council on Education [Conselho Orientador Central de Educação] sob a administração de Lady Plowden, entregue em 1967, e que havia sido encomendado pelo ministro da Educação como uma orientação

---

[4] Muitos atribuem a origem da "escola progressista" à obra *Émile*, de Rousseau; *Education and Experience*, de John Dewey, foi publicado em 1938 e é a fonte da visão segundo a qual a educação tradicional está centrada no professor, e a "progressista" está centrada na criança.

na questão da educação primária.[5] O avanço da "educação" como um campo independente de estudo, e a legislação que obrigou novos professores não especialistas a frequentar um curso sobre isso, produziu um novo tipo de "especialista", cujo apego a teorias otimistas não era, como regra, temperado por nenhuma experiência prolongada em sala de aula, ou dificultado por qualquer reserva especial de senso comum. Foi através dos "educadores" que a ideologia do "nascido livre" encontrou seu canal de influência mais potente. Nada servia melhor aos professores, em seu novo posicionamento na qualidade de formadores das crianças da nação, do que a perspectiva introduzida pelo Relatório Plowden, com a sua conclusão "provada" de que a educação é um processo de exploração livre e de autodesenvolvimento, no qual o professor atua no papel não de um especialista, de exemplo ou de autoridade, mas de conselheiro, colega e amigo. A tendência do relatório era sugerir que os métodos tradicionais – disciplina, estudo e instrução – não apresentam valor particular; de fato, que lecionar não faz parte do papel do professor. Ele nos avisa que "um professor que dê ênfase apenas à instrução [...] fará com que a criança perca o estímulo de aprender". O dever do professor é ficar à disposição enquanto a criança se expressa, estimulando, mas não controlando uma resposta que está além do julgamento ou da repreensão. Se alguma coisa dá errado, então a criança não pode ser responsabilizada – menos ainda punida. E nem pode o professor ser responsabilizado, uma vez que seu papel não é mais que o de iniciador ou guia. O único objeto de culpa é a "sociedade" e suas hierarquias, e as "condições insuficientes" para as quais a escola tem que oferecer a solução. Quando tais abstrações são julgadas responsáveis pelo fracasso, então somente o Estado pode

---

[5] "Children and their Primary Schools", relatório do Central Advisory Council on Education, presidido por Lady Plowden, London, 1967. Não devemos pensar que a educação progressista emergiu como um movimento somente na Inglaterra e nos Estados Unidos. No caso da experiência francesa, ver Isabelle Stal e Françoise Thom, *L'École des Barbares*. Paris, Julliard, 1985. [Em edição brasileira: *A Escola dos Bárbaros*. Pref. Alain Besançon. Trad. Laura-Amélia A. Vivona. São Paulo, T. A. Queiroz/Edusp, 1987. (N.E.)]

fornecer a cura. A solução imediatamente adotada na esteira do Relatório Plowden foi exatamente aquela que havia sido encorajada na esfera econômica pela falácia da melhor das hipóteses: o subsídio do fracasso, e a transferência maciça de recursos daqueles que fazem bom uso deles para aqueles que não fazem.

Em suma, a falácia do nascido livre leva, por uma série de passos naturais, às duas doutrinas mais importantes consagradas no Relatório Plowden, que se tornaram as bases da política educacional nesse país desde então: a doutrina de que nenhuma parte do processo de ensino (nem o aluno, nem os pais, nem o professor) deve ser responsabilizada pelo seu fracasso; e a doutrina de que o Estado deve investir no fracasso e não no sucesso. Naturalmente, os problemas da educação não podem ser resolvidos com uma fórmula – sobretudo quando as crianças são obrigadas por lei a frequentar a escola, e são submetidas ao barulho da TV, à internet e a telefones celulares, que as distraem em todas as horas do dia. Ainda assim, trata-se de uma característica singular da falácia do nascido livre que ela nunca considere as críticas que a tornaram inaceitável para todas as pessoas moderadamente pessimistas. Mesmo que ignoremos os argumentos de Aristóteles com relação ao papel da imitação, da disciplina e do hábito na aquisição do caráter; mesmo que ignoremos os filósofos medievais (cujas recomendações forneceram as bases indispensáveis do moderno sistema educacional); mesmo que ignoremos tudo o que foi dito por Grócio, Calvino e Kant sobre a relação interna entre a liberdade e a lei; mesmo que descartemos como antiquadas todas as teorias que não colocam a ideia da liberdade no centro de sua visão – mesmo que façamos tudo isso, uma dose de pessimismo ainda irá nos persuadir de que aquela liberdade, por mais valiosa que seja por si só, não é uma bênção da natureza, mas sim o resultado de um processo educacional, algo que temos que nos esforçar para adquirir por meio de disciplina e sacrifício.[6]

---

[6] Chris Woodhead demonstra de maneira inequívoca que a lição não foi aprendida, em sua obra *Class War: The State of British Education*. London, Little, Brown, 2002.

Por que essa pequena dose de pessimismo nunca está disponível nas mentes daqueles que abraçam a causa da "libertação" é uma questão que tem frequentemente perturbado as pessoas contemplativas, assim como perturbou Burke em suas *Reflexões sobre a Revolução na França*. Como as instituições da monarquia francesa foram destruídas uma a uma, e no seu lugar surgiu, em vez da libertação prometida pela Revolução, um terror sem precedentes que se expandiu rapidamente, não ocorreu aos jacobinos nenhum outro remédio se não o de decepar ainda mais cabeças. Cada traço de evidência de que a destruição da ordem acarretou também uma perda da liberdade foi interpretado no sentido oposto, como prova de que as coisas não tinham ido longe o suficiente. Destarte, a destruição passou a se alimentar de mais destruição até que, com o golpe de Estado de Napoleão, todo o processo lamentável chegou ao fim em uma nova forma de ordem civil – mas uma ordem civil imposta de cima para baixo, e com a ajuda de uma conscrição militar universal.

A Revolução Francesa é uma ilustração vívida da forma pela qual as falácias do otimismo são renovadas. Esse grande evento, que deveria ter refutado a falácia do nascido livre para todas as gerações futuras, vem sendo reinterpretado desde então como precursor da libertação dos opressores da humanidade. A mesma falácia pode ser lida em todas as convocações subsequentes à revolução feitas pelos marxistas, por Lenin e Mao, por Sartre e Pol Pot, para todos aqueles para quem a Revolução Francesa foi um passo no caminho que leva ao objetivo da emancipação. E embora Marx fosse o herdeiro intelectual de Hegel, e tivesse sido beneficiado por uma filosofia que respeitava as instituições e as leis como a solução, e não a causa, do conflito humano, ele nunca deixou de acreditar em uma liberdade original – uma liberdade que deveria ser reconquistada no fim da história, no estado de "comunismo pleno" que ocorreria quando as instituições não fossem mais necessárias e o Estado definhasse.

A Revolução Francesa é apenas um dos muitos eventos históricos que nos demonstram que os movimentos de libertação, quando conseguem destruir o Estado, primeiro levam à anarquia, depois à tirania e, a seguir, ao terror totalitário. Mas a história não apresenta lições para os otimistas inescrupulosos. Todas as versões prévias de seus projetos, eles creem, envolveram algum erro fatal – uma conspiração que usurpou o processo libertador e desviou-o para outra direção. Essa rota de fuga da refutação torna-se mais firme e mais clara através da "falácia utópica" e da "falácia da soma zero", que discutirei nos capítulos seguintes. Ao mesmo tempo que isso ocorre, a destruição e a profanação da vida humana que são o resultado natural e, de fato, inevitável da filosofia do nascido livre são negadas pelos observadores otimistas de plantão – negadas não porque não tenham sido ainda observadas, mas porque elas não são *passíveis de observação*.

Tive a oportunidade de testemunhar esse fenômeno em Paris em 1968, quando meus contemporâneos estavam construindo barricadas, destruindo carros e lojas, agredindo policiais e vestindo os uniformes de brim obrigatórios do novo proletariado em marcha. Todos aqueles que eu conhecia dentre os participantes nos *événements de mai* se definiam como maoistas, portavam o Pequeno Livro Vermelho de máximas fúteis em seus bolsos, e saudavam a Grande Revolução Cultural Proletária de Mao como o modelo que estava inspirando suas próprias ações. Eles estavam confrontando o Estado "fascista" de De Gaulle, e as instituições "burguesas" através das quais ele se mantinha. Naquela altura, De Gaulle representava um partido que havia chegado ao poder através de eleições; as instituições da República Francesa haviam sido reformadas e suavizadas por aproximadamente dois séculos desde que Napoleão as impôs pela primeira vez; os próprios maoistas haviam desfrutado de liberdade, educação e prosperidade de um tipo inimaginável na China de Mao. Porém, todos esses fatos não tinham a menor importância para os *soixante-huitards*. Quanto às dezenas de milhões de vítimas de Mao Tsé-Tung, e os sofrimentos inenarráveis que ele infligiu aos camponeses cujos interesses alegava representar, nenhum desses fatos eram observáveis. A menor familiaridade com a pesquisa disponível teria mostrado a extensão do terror que o maoismo havia lançado na China, porém era inútil fazer essa observação. Os documentos e relatórios eram o trabalho de "agentes de influência burgueses"; e aqueles relatórios contrabandeados da China meramente confirmavam a alegação de Mao de que "elementos reacionários" estavam conspirando para desfazer o trabalho da Revolução e o Grande Salto para a Frente; a mídia "burguesa" era simplesmente parte da falsa consciência da sociedade francesa, que impedia as pessoas de enxergar a extensão de sua própria escravização; era surpreendente, portanto, que a burguesia visse a Revolução Cultural com pânico, e temesse que ela se espalhasse pelo mundo afora? Essa foi a única resposta ponderada que consegui obter quando protestei contra a destruição da qual meus contemporâneos alegremente participavam todos os dias. No capítulo seguinte, tento oferecer uma explicação parcial para isso, em termos de uma outra aberração mental profunda, que chamo de a falácia utópica. Porém, por mais que seja explicada, o erro de raciocínio durante os eventos de 1968 era totalmente óbvio para qualquer um que os testemunhasse de perto, e que tivesse mantido o mínimo de pessimismo, em dose suficiente para permitir o reconhecimento da insensatez humana.

Em um nível, a "revolução" de 1968 foi um fracasso. Nenhum dos movimentos situacionistas, anarquistas e da nova esquerda chegou ao poder, e as instituições das democracias ocidentais permaneceram mais ou menos no lugar. Em outro nível, porém, a revolução foi um sucesso estrondoso. Muitos daqueles que tomaram parte nela ou foram ocupar altas posições políticas – como Oskar Fischer, Rudi Dutschke e Peter Hain – ou desempenharam um papel importante na revolução cultural que se seguiu, e que iria dominar os departamentos de ciências humanas nas universidades de todo o mundo ocidental. Essa revolução cultural assumiu diversas formas, mas em cada uma delas – desconstrucionista, feminista, contracultural ou pós-modernista –, ela mantém a agenda essencial, que é a de "libertar" o estudante das estruturas opressivas do currículo tradicional, e também das instituições sociais que aquele currículo secretamente endossava.[7] No coração do novo currículo das humanidades, portanto, você encontrará a falácia do nascido livre, sempre fresca e criativa, encorajando a destruição de qualquer prática em que a hierarquia, a disciplina e a ordem tenham sido consagradas, constantemente prometendo a "libertação" do "eu verdadeiro" em seu bojo.

E essa falácia tampouco está confinada aos círculos acadêmicos. Ao contrário, sua maior influência em nossa época tem sido no desenvolvimento de novas e otimistas versões da psicoterapia – versões que expulsam inteiramente aquelas reflexões sombrias sobre culpa e conflito contidas na obra de Freud e de seus discípulos imediatos, e que em vez disso enfatizam o papel das instituições na opressão e no confinamento do "eu".[8] Durante a década de 1960 surgiu uma psicoterapia da libertação, cujo tema principal era a liberdade natural e a autenticidade do *eu*, e que discorria sobre o papel das instituições na erradicação dessa liberdade e na rotulação dos protestos daqueles que discordavam de suas visões como "doença mental". A inspiração foi fornecida pela obra de Michel Foucault *História da Loucura na Idade Clássica* (1961), que argumenta que o louco é o "outro" naquilo que Foucault chama de "idade clássica" porque ele aponta para os limites da ética prevalecente e se aliena de suas demandas. Há um tipo de desdém virtuoso na sua recusa das convenções. Ele precisa, portanto, ser trazido à ordem. Por meio do confinamento, a loucura está sujeita ao governo da razão, ela própria entendida como um instrumento de dominação nas mãos da classe burguesa ascendente. O louco passa a ser definido por aqueles que ele ameaça, vive sob a sua jurisdição e é confinado pelas suas leis. A implicação é que a loucura é uma categoria inventada cujo propósito

---

[7] Você pode encontrar esses fatos resumidos de forma um pouco destemperada, em Peter Collier e David Horowitz, *Destructive Generation: Second Thoughts about the 60s*. New York, Summit Books, 1989.

[8] Não que Freud deva ser exonerado inteiramente. Suas teorias sobre a sexualidade infantil e a "repressão" foram centrais no estabelecimento das alegações da psicoterapia libertária. Ver Paul Vitz, *Psychology as Religion: The Cult of Self-Worship*. Grand Rapids, MI, Eerdmans, 1977 (2. ed. 1994).

não é ajudar o louco, mas confiná-lo, e reestabelecer uma ordem moral que ele desafia. O passo seguinte é, naturalmente, sugerir que ele está correto ao desafiar aquela ordem, que sua loucura nada mais é do que uma imposição feita pelos outros, e que a cura real consiste em libertá-lo de seus grilhões, de maneira que ele possa desfrutar da liberdade primitiva cuja convocação ele ouviu.

Destacando-se entre os expoentes da terapia da libertação encontrava-se R. D. Laing, que assumiu a liderança do assalto geral da revolução cultural francesa às instituições "burguesas", em nome da liberdade que elas supostamente negam. Não há essa coisa de doença mental, ele argumentava, o que há é meramente a tendência de algumas pessoas de descrever os outros como estando afetados por ela.[9] Rótulos como "esquizofrenia" são realmente armas em uma guerra de opressão, cujo propósito é reforçar instituições defuntas como a família contra a pressão de uma liberdade que elas não podem suportar. "Famílias, escolas, igrejas são os abatedouros de nossas crianças", ele escreveu. "As faculdades e outros lugares são as cozinhas. Como adultos no casamento e nos negócios, comemos o seu produto".[10] Laing e seu colega Aaron Esterson assumiram a visão de Foucault de que a família burguesa cria loucura como uma forma de destruir a liberdade original que a ameaça. O "esquizofrênico" é aquele que está tentando se ater à sua própria autenticidade, a sua individualidade autônoma, contra o "duplo vínculo" que lhe é imposto pela família e suas demandas autoritárias.

Os resultados dessa aplicação particular da falácia do nascido livre têm estado conosco já por quarenta anos. Uma dose de pessimismo

---

[9] R. D. Laing, *The Divided Self*. Harmondsworth, Penguin, 1960; R. D. Laing e Aaron Esterson, *Sanity, Madness and the Family*. Harmondsworth, Penguin, 1964. [Em edição brasileira: R. D. Laing, *O Eu Dividido: Estudo Existencial da Sanidade e da Loucura*. Petrópolis, Vozes, 1982; R. D. Laing e Aaron Esterson, *Sanidade, Loucura e a Família*. Belo Horizonte, Interlivros, 1980. (N. E.)]

[10] R. D. Laing, *The Politics of the Family and Other Essays*. London, Tavistock, 1971, p. 39. [Em edição brasileira: R. D. Laing, *A Política da Família*. São Paulo, Martins Fontes, 1983. (N. E.)]

teria evitado a longa sequência de sofrimento que se seguiu à "revolução" laingiana – sofrimento para os pacientes, para as suas famílias e para a comunidade como um todo, que têm tido que conviver com políticas que em alguns países (notavelmente nos EUA) exigiram que os hospitais despejassem os seus pacientes nas ruas. Uma consequência particular – explorada e deplorada por Frederick Crews – foi a invenção da "síndrome da memória falsa" e o suposto processo pelo qual as "vítimas" trazem de volta para a esfera da memória os traumas reprimidos de abusos na infância, dos quais elas nunca se recuperaram.[11] Dessa forma, muitos jovens ressentidos arrastaram seus pais para as barras de um tribunal, e até mesmo colocaram-nos na prisão, por episódios de abuso sexual totalmente fictícios. Essa loucura também é oriunda da falácia do nascido livre, que supõe que a psique perturbada ficou assim por causa dos outros, e que todas as crianças, deixadas sozinhas, irão expressar sua liberdade em formas totalmente saudáveis e criativas. De fato, ela pressupõe que as faculdades das crianças já estejam no lugar na mais tenra idade, permitindo-lhes recordar episódios que ocorrem nas primeiras semanas de vida – uma pressuposição compartilhada por Freud na sua teoria da experiência infantil e que recentes desenvolvimentos na neurociência demonstraram sobejamente estar errada.

A "síndrome da memória falsa" é também uma prova clara da vingança que é liberada quando o otimismo inescrupuloso se choca contra os fatos. Uma vez que *deve ser* verdade que as crianças nascem livres, em face de quaisquer sinais de que essa liberdade e autonomia não foram atingidas, alguém tem que ser responsabilizado – e em particular aqueles que estão mais próximos das crianças, que tiveram a oportunidade de sufocar seu desenvolvimento. Dessa forma, a falácia do nascido livre alimenta outra falácia crucial do otimismo – a falácia que discuto no Capítulo 5, de ver as relações humanas como um jogo de soma zero.

---

[11] Frederick Crews, *Follies of the Wise: Dissenting Essays*. Emeryville, CA, Shoemaker & Hoard, 2006.

Capítulo 4 | A Falácia Utópica

As duas falácias que discuti são tão óbvias e tão facilmente evitáveis que à primeira vista é assombroso que alguém possa cometê--las. Ainda assim, elas têm estado na raiz dos movimentos sociais e políticos que criaram o mundo em que vivemos, e a segunda delas – a falácia do nascido livre – dominou o pensamento dos educadores ao longo de todo o século XX. Como podemos explicar isso?

Essa pergunta pode ser respondida, creio eu, somente se analisarmos um pouco mais detidamente as armas e os escudos utilizados pelos otimistas inescrupulosos em sua guerra contra a realidade. Porém, uma sugestão merece ser considerada a esta altura, uma vez que realça o fato mais importante, de que não estamos lidando meramente com erros tópicos de raciocínio, mas com uma *postura mental*, que é, ademais, de alguma forma misteriosa, indiferente para com a verdade. A sugestão é a de que tanto a falácia da melhor das hipóteses quanto a do nascido livre pertencem àquilo que o filósofo húngaro Aurel Kolnai chamou de a mente utópica – uma mente moldada por uma necessidade moral e metafísica particular, que conduz à aceitação de absurdidades não *apesar de* sua absurdidade mas por *causa dela*. De acordo com Kolnai, a mente utópica é o mistério central de nossos tempos. Ela está por trás da política de massa do nazismo e do comunismo; ela infectou o estudo da cultura e da sociedade; e seus sonhos são continuamente reciclados como "soluções" para os problemas que ela própria cria.[1] A descrição da mente utópica feita por Kolnai é próxima daquela dada, a respeito do "gnosticismo", por Eric Voegelin – termo esse que Voegelin compreendia como a tendência de importar o transcendental diretamente para o real, e de demandar que o "propósito final" do mundo esteja presente aqui e agora.[2] Voegelin considerava que isso era a heresia religiosa primária contra a qual o cristianismo se bateu desde sua concepção na Cruz. E indubitavelmente há a tendência dentro de qualquer religião de abraçar o absurdo, como uma forma de cancelamento deste mundo e de suas imperfeições. Uma explicação para o utopismo, portanto, é que ele seria um resíduo de heresia em um mundo sem religião. Porém essa é, na melhor das hipóteses, uma explicação parcial, uma vez que ela explica uma forma de se agarrar a uma absurdidade nos termos de outra.

Embora nem tudo o que foi afirmado por Kolnai em sua análise intrigante seja persuasivo, ele está certo com relação a uma coisa: que os utópicos não se distinguem meramente por algumas poucas crenças que o restante de nós é incapaz de endossar. Eles veem o mundo de forma diferente. Eles são capazes de ignorar ou desprezar as constatações da experiência e do senso comum, e de colocar no centro de cada deliberação um projeto cuja absurdidade eles consideram não como um defeito, mas sim como uma censura contra aquele que a observou. Essa disposição de espírito desempenhou, durante dois séculos, um papel central na política europeia, e nenhum dos desastres que se originaram dela constituiu o menor peso para desencorajar seus novos recrutas. Os milhões de mortos ou escravizados não são

---

[1] Aurel Kolnai, *The Utopian Mind and Other Essays*. Ed. Francis Dunlop. London, Athlone, 1995.

[2] Eric Voegelin, *The New Science of Politics*. Chicago, University of Chicago Press, 1987. [Em edição brasileira: *A Nova Ciência da Política*. Trad. José Viegas Filho. Brasília, UnB, 1982. (N. E.)] A forma peculiar de Voegelin expressar essa tese deu margem ao surgimento da frase popular "não *imanentize* o *eschaton*" – em outras palavras, não tente construir o Céu na Terra.

suficientes para refutar a utopia, mas simplesmente fornecem a prova das maquinações diabólicas que foram colocadas em seu caminho. Essa "imunidade à refutação" é o que quero dizer quando utilizo o termo "falácia utópica", e vale a pena explorá-la como um dos curiosos subprodutos do otimismo, que mostra o caminho para uma *profunda* explicação de por que, no espírito humano, a insensatez é tão interminavelmente renovável.

Karl Popper destacou o ato de evitar a refutação como a marca registrada da pseudociência, argumentando que a refutação é a espinha dorsal do método científico e a forma pela qual os seres racionais lidam com a vida, "de modo que nossas hipóteses morram em vez de nós", como ele colocou de maneira célebre.[3] Porém, a imunidade utópica à refutação é, acredito, uma imunidade de tipo mais profundo do que aquela que Popper discerniu nas pseudociências de sua época. Pois ela coexiste com o conhecimento de que a utopia é impossível. A impossibilidade e a irrefutabilidade andam lado a lado sem nenhum constrangimento.

A falácia da melhor das hipóteses surge quando a esperança prevalece sobre a razão, na presença de uma escolha importante. Ela não é, em si, utópica. As utopias são visões de um estado futuro em que os conflitos e problemas da vida humana tenham sido resolvidos por completo, em que as pessoas vivam juntas em união e harmonia, e em que tudo esteja ordenado de acordo com uma vontade única, que é a vontade da sociedade como um todo – a "vontade geral" de Rousseau, que pode também ser descrita, utilizando a linguagem do Capítulo 1, como o *"eu* coletivo". As utopias contam a história da queda do homem, porém ao contrário: a inocência e a unidade de antes da Queda encontram-se no *final* das coisas, e não necessariamente

---

[3] Karl Popper, *Objective Knowledge: An Evolutionary Approach*. London, Oxford University Press, 1972, p. 248. [Em edição brasileira: Karl Popper, *Conhecimento Objetivo: Uma Abordagem Evolucionária*. Belo Horizonte, Editora Itatiaia 1975. (N. E.)]

no início – ainda que haja também uma tendência a descrever o fim como recuperação da harmonia original.

Kolnai descreve a tendência utópica como um "desejo ardente após a união, desprovido de tensão, do valor e do ser".[4] O desejo é por uma "solução final", não apenas para um problema, mas para *os problemas como tais*, de modo que o que quer que exista seja compatível com aquilo que todas as pessoas querem. Tudo que cria tensão e conflito deve ser eliminado. As utopias diferem de acordo com suas explicações sobre o conflito. Para alguns, o conflito vem do poder, e a utopia deve ser uma condição na qual ninguém tem poder sobre os demais; para outros, o conflito vem da desigualdade, e a utopia consiste em se criar um estado de igualdade completa; para outros ainda, o conflito vem da propriedade privada, e somente será superado em um mundo onde a propriedade será comum. Existem também utopias concebidas em termos de linhas raciais, como a "do Reich de mil anos" dos nazistas, que seria uma condição de pureza racial, com todos os elementos estrangeiros extirpados. Para os utópicos da Revolução Francesa a utopia seria uma condição de "liberdade, igualdade e fraternidade", um *slogan* que ilustra a falácia agregativa que discuto no Capítulo 8. Em todas as suas versões, porém, a utopia é concebida como uma unidade do ser, na qual os conflitos não existem porque as condições que os criam já não existem mais. E invariavelmente as condições criadoras de conflito são descritas de modo a autorizar a violência – a violência necessária para confiscar a propriedade, para impor a igualdade, para eliminar o poder, para destruir as intrigas, conspirações e raças estrangeiras que impedem a chegada da utopia.

O aspecto importante sobre a utopia, porém, é que ela *não pode* chegar. Não existe nenhuma condição tal como a referida, e um conhecimento profundo, ainda que subliminar, desse fato impede os

---

[4] Aurel Kolnai, *The Utopian Mind and Other Essays*. Ed. Francis Dunlop. London, Athlone, 1995, p. 70.

utópicos de tentarem uma descrição crítica plena do estado que eles têm em mente. A alegação de Karl Marx de haver apresentado um socialismo "científico" em contraposição a um socialismo "utópico" é um caso emblemático. A "ciência" consiste nas "leis do movimento histórico" delineadas em *Das Kapital* e em outras obras, de acordo com as quais o desenvolvimento econômico acarreta mudanças sucessivas na infraestrutura econômica da sociedade, permitindo-nos prever que a propriedade privada desaparecerá um dia. Após um período de tutela socialista – uma "ditadura do proletariado" – o Estado fenecerá, pois não haverá nem leis nem a necessidade delas, e todas as coisas pertencerão a todos. Não haverá divisão de trabalho, e todas as pessoas viverão de acordo com suas necessidades e seus desejos, "caçando de manhã, pescando à tarde, cuidando do gado à noite e engajando-se em críticas literárias após o jantar", como nos é explicado em *A Ideologia Alemã*. Chamar isso de "científico" em vez de utópico é, em retrospecto, pouco mais do que uma piada. A observação de Marx a respeito da caça, da pesca, da criação de gado por *hobby* e da crítica literária é a única tentativa que ele faz para descrever como a vida será sem a propriedade privada – e se você perguntar quem vai lhe dar a espingarda ou a vara de pesca, quem vai organizar a matilha de cães, quem vai manter os abrigos e as hidrovias, quem vai cuidar do leite e dos bezerros, e quem vai publicar as críticas literárias, tais questões serão ignoradas como "irrelevantes", e como questões a ser resolvidas num futuro que não é da sua conta. E quanto a se será possível obter a enorme capacidade de organização requerida para essas atividades de lazer da classe alta universal, em uma condição em que não haja lei, nem propriedade, nem, portanto, nenhuma cadeia de comando, esse tipo de questão será demasiado trivial para ser levado em conta. Ou, melhor dizendo, elas são sérias demais para ser consideradas, e assim seguem despercebidas. Pois é preciso apenas um mínimo de capacidade de julgamento crítico para reconhecer que o "comunismo pleno" de Marx incorpora uma contradição: trata-se de um estado em que todos os benefícios da ordem legal estão presentes, apesar de não haver leis; e no qual todos os produtos da cooperação social ainda existem, apesar de ninguém desfrutar dos direitos de propriedade que até então forneceram a única razão para a sua produção.

Esse é um exemplo simples do caráter contraditório que molda todas as utopias de nosso tempo. Aqueles que as advogam raramente as descrevem, ou então tocam na sua natureza somente superficialmente no curso da denúncia das realidades que impedem a sua chegada. Um exemplo disso é Sartre, que, em seus escritos posteriores, avançou cada vez mais na direção do utopismo revolucionário, contrastando a "serialidade" (má) da França burguesa com a "totalização" (boa) do futuro revolucionário.[5] Para Sartre, a utopia será aquela "união dos intelectuais com a classe trabalhadora" há muito aguardada, da qual ele não se digna a fornecer nenhuma descrição mais detalhada além disso: "uma totalização concreta continuamente destotalizada, contraditória e problemática, nunca encerrada em si mesma, nunca completada, e ainda assim uma experiência única".[6] É para o bem da utopia, assim descrita – e descrita *explicitamente* como contraditória, expressa em um linguajar que é uma obra-prima de evasão –, que Sartre justifica toda a violência da revolução, e aceita com uma indiferença impressionante a necessidade revolucionária de um Estado totalitário.

Sartre é um exemplo dos muitos utopistas que dominaram a vida intelectual da Europa durante o século XX. Tal como Marx, ele negou que fosse utopista, e como Marx ele apresentou apenas

---

[5] Ver Jean-Paul Sartre, *Critique de la Raison Dialectique,* vol. I. Paris, Gallimard, 1960. É importante observar que o vol. II dessa obra jamais foi publicado. [Em edição brasileira: Jean-Paul Sartre, *Crítica da Razão Dialética.* Trad. Guilherme João de Freitas Teixeira, Rio de Janeiro, Editora Lamparina, 2002. (N. E.)]

[6] Jean-Paul Sartre, *Between Existentialism and Marxism.* Trad. J. Mattheus. London, New Left Books, 1974, p. 109.

um vislumbre superficial e contraditório da condição futura para a qual, porém, ele apresentava um comprometimento absoluto. Ele ergueu-se pela defesa dos movimentos revolucionários, e justificou a violência e escravização resultantes em termos jacobinos familiares. Em uma antologia publicada logo depois da morte de Sartre, Michel-Antoine Burnier reuniu os muitos exemplos da insensatez revolucionária de Sartre.[7] É com uma incredulidade melancólica que lemos a respeito de seu apoio a regimes exterminadores que uniam os intelectuais e os proletários somente nos locais de "reeducação" onde eles deram o suspiro derradeiro em suas últimas horas miseráveis. "Por meio de documentos irrefutáveis, descobrimos a existência de campos de concentração reais na União Soviética" – Sartre escreveu, vinte anos após essa verdade ser de conhecimento comum entre aqueles que achavam importante reconhecer esse fato. E ainda assim ele insistia que "julgássemos o comunismo por suas intenções e não por suas ações", quanto se as ações e as intenções fossem tão desconectadas nas tiranias como elas deveriam ser na mente de um intelectual frequentador de cafés. Em todas as campanhas concretas que a União Soviética moveu contra o Ocidente, qualquer que tenha sido seu custo em vidas humanas e felicidade, Sartre ficou do lado soviético, ou então criticou a União Soviética somente em um linguajar que reiterava as próprias mentiras desta.

Como sugeri, faz parte do apelo da utopia que as utopias nunca possam ser realizadas. Aqueles que as esposam estão cônscios de que as soluções finais não estão disponíveis, e que o conflito e a competição são características essenciais das sociedades humanas, e que todas as tentativas de realizar uma unidade de propósito permanente ou uma igualdade absoluta de condições são incompatíveis com as liberdades requeridas pela coexistência pacífica entre estranhos. Os utópicos precisam, portanto, viver em uma condição de preparação

---

[7] Michel-Antoine Burnier, *Le Testament de Sartre*. Paris, Orban, 1982.

constante, lutando contra os inimigos da utopia, e sabendo que a luta nunca terminará. Em outras palavras, a utopia existe como um grande símbolo de negação, *un gran rifiuto*, a ser afixado em todas as coisas reais e a comandar e autorizar todas as formas de violência contra elas.[8] Daí a falácia utópica, que nos diz que o ideal é imune à refutação. Nunca devemos desistir de nossos objetivos utópicos, uma vez que a própria utopia nunca poderá ser realizada e, portanto, nunca poderá ser desmentida. Ela serve, em vez disso, como uma condenação abstrata de tudo a nossa volta, e fornece a justificativa para que o crente assuma o controle total.

Muitos daqueles cujo pensamento é governado pela falácia da melhor das hipóteses são pragmáticos que não aspiram a reformas abrangentes da sociedade humana, mas apenas a um fortalecimento de seu próprio lugar dentro dela. Porém, a falácia do nascido livre conduz naturalmente a uma direção utópica, uma vez que ela faz uma reivindicação radical a respeito da condição humana, e utiliza essa reivindicação para desestabilizar as formas e convenções de nosso modo de vida atual. Ao identificar a essência da humanidade com a liberdade, e a liberdade com aquela felicidade pré-queda do Paraíso, ela encoraja as pessoas a destruir as "estruturas" que ficam no caminho da recuperação dessa inocência. Ela, portanto, apresenta a mesma tendência totalitária das doutrinas igualitárias dos marxistas.

Além do mais, ela conduz naturalmente à falácia utópica. O ideal é contraditório e, portanto, irrealizável. E precisamente por essa razão ele nunca poderá ser refutado! Nenhuma situação existente se habilitará como uma realização daquela liberdade longamente aspirada e primitiva; sendo assim, ninguém estará em posição de declarar que conseguimos realizá-la, ou de descobrir suas falhas condenatórias.

---

[8] "Vidi e conobbi l'ombra di colui / che fece per viltade il gran rifiuto". *Inferno*, Canto 3. "Vi a sombra daquele que por meio da covardia fez a grande recusa". Não sabemos a quem Dante estava se referindo – talvez a Pôncio Pilatos. Porém a acusação de covardia é significativa.

O ideal permanece eternamente no horizonte de nossa experiência, imaculado e não posto à prova, lançando um julgamento sobre tudo que é real, como um sol para o qual não podemos olhar diretamente, mas que cria um lado sombrio em todas as coisas que ilumina.

A crítica mais importante a ser feita a essa forma de raciocínio, quer me parecer, não é que seja contraditória, embora ela seja, e sim que, ao buscar uma única e completa solução para o conflito humano, uma solução que elimine o problema para sempre, ela destrói as instituições que nos permitem resolver nossos conflitos um a um. Voltarei a essa questão no Capítulo 6. Porém vale a pena comentá-las agora, uma vez que é uma questão considerada por Burke em seu grande ataque ao utopismo dos revolucionários franceses, e considerada novamente tanto por Chateaubriand quanto por Tocqueville em seus próprios estilos, mais sóbrios.[9] A solução para os conflitos humanos é descoberta caso a caso e incorporada daí para frente em precedentes, costumes e leis. A solução não existe como um plano, um esquema ou uma utopia. É o resíduo de uma miríade de acordos e negociações, preservado pelos costumes e pelo direito. As soluções raramente são vislumbradas com antecipação, porém se acumulam de forma constante por meio do diálogo e da negociação. Elas são como uma base construída pela atitude do "nós", à medida que se revela por meio das normas das negociações mútuas. E é precisamente essa base, nos costumes e nas instituições, que os utópicos tentam destruir.

É assim que devemos compreender os acontecimentos de 1968 – eventos que irreversivelmente mudaram o cenário político e cultural da Europa e da América e que geraram um tipo de niilismo

---

[9] Edmund Burke, *Reflections on the Revolution in France*, 1790; François-René de Chateaubriand, *Mémoirs d'Outre Tombe*, 1833, Livro V; Alexis de Tocqueville, *L'Ancien Régime et la Révolution*, 1856. [Em edições brasileiras: Edmund Burke, *Reflexões sobre a Revolução na França*. Trad. Eduardo Francisco Alves. Rio de Janeiro, Topbooks, 2012; Alexis de Tocqueville, *O Antigo Regime e a Revolução*. Trad. Yvonne Jean. 4. ed. Brasília, UnB, 1997. (N. E.)]

institucionalizado. Os ativistas de 1968 não estavam interessados em aperfeiçoar o mundo. Sua utopia era totalmente construída pela negação, e esta – eu insisto – é o caráter de todas as utopias em todas as suas manifestações. O ideal é construído a fim de destruir o real. E a "libertação" das estruturas reivindicada em 1968 era uma autocontradição tanto quanto a "totalização concreta continuamente destotalizada" de Sartre. Ela é resumida no *slogan* "*il est interdit d'interdire*" [é proibido proibir] – uma proibição forçada da proibição, o objetivo que nunca poderá ser definido.

Isso transforma os *soixante-huitards* em pessimistas? Enfaticamente, não. Em minha opinião, eles foram os mais inescrupulosos de todos os otimistas – inescrupulosos ao atacar as "estruturas", otimistas na sua convicção de que ao fazê-lo eles promoviam o seu próprio bem e o dos outros. Como acontece com todos esses otimistas, era impossível tentar argumentar com eles. Nada poderia ser dito que pudesse confrontá-los com a refutação de seu ideal, pois ele foi colocado além da refutação por sua própria impossibilidade.

Em suma, um objetivo irrealizável escolhido pela sua pureza abstrata, em que as diferenças sejam reconciliadas, os conflitos, resolvidos, e a humanidade fundida em uma unidade metafísica, nunca poderá ser questionado, uma vez que, em sua natureza, nunca poderá ser posto à prova. Todos os crimes cometidos em prol de sua realização são desvios, perversões ou traições, coisas que o ideal foi projetado para impedir. De uma forma estranha, portanto, a utopia é vindicada pelo desastre de sua implementação – o crime e a destruição nunca poderiam ser justificados a não ser como estágios rumo a um bem inquestionável. Segue-se então que o ideal é tão completamente puro quanto alega ser. E quanto àqueles que pensam que ele pode ser refutado pelos fatos, é evidente que são movidos por uma "falsa consciência", devido a uma falha em ver o mundo como ele aparece na luz transfiguradora lançada sobre ele pelo sol utópico. O termo "falsa consciência" vem de Marx e Engels, porém ele corresponde ao pensamento dos revolucionários franceses, que viam toda oposição a seus esquemas como um sinal de que o crítico era um inimigo do povo, assim como ele corresponde à rejeição de toda crítica feita aos *soixante-huitards* como mera ideologia "burguesa", ou como pertencente àquilo que Foucault chamava de *episteme* da classe dominante.[10]

Porém, a falácia utópica também revela algo importante sobre o otimismo, em suas formas extremas e descompromissadas. Para a pessoa que confia a uma única solução final a resposta a todos os problemas, a realidade não apresenta esperanças nem saídas. Ela precisa ser inserida em outro molde, e para lograr esse objetivo serão necessárias novas formas de governo e novos poderes de longo alcance. Assim, por trás da utopia avança outro objetivo, que é o desejo de vingança contra a realidade.

Caso os utópicos cheguem ao poder, a própria instabilidade de seu objetivo, que permanece sempre fora do alcance, força-os a encontrar, no mundo real, a trama ou conspiração que está impedindo sua realização. E isso, na minha forma de pensar, é a característica mais notável dos Estados totalitários: a necessidade constante e implacável de encontrar uma classe de vítimas, a classe daqueles que ficam no caminho da utopia e impedem sua implementação. Em todas as experiências totalitárias, portanto, constatar-se-a que o primeiro ato do poder centralizado é destacar certos grupos que serão punidos. Os jacobinos miraram a aristocracia, mais tarde incluíram os "imigrantes" que estavam em todos os lugares, cuja presença invisível licenciava os assassinatos e extermínios mais arbitrários. Os nazistas escolheram os judeus, por conta de seu sucesso material e por causa da facilidade com que eles podiam ser retratados como "os outros".

---

[10] Michel Foucault, *Les Mots et les Choses: Une Archéologie des Sciences Humaines*. Paris, Gallimard, 1966. [Em edição brasileira: Michel Foucault, *As Palavras e as Coisas*. Trad. Salma Tannus Muchail. São Paulo, Martins Fontes, 2000. (N. E.)]

Os comunistas russos começaram com a burguesia, mas não tiveram nenhuma dificuldade posterior em eleger outra classe de vítimas ainda mais artificial: os *kulaks*, uma classe de camponeses proprietários de terra criada pelo Estado, e que por essa razão podia ser facilmente destruída por esse mesmo Estado. Durante a época dos julgamentos transformados em espetáculos públicos em Moscou, inventavam-se grupos semanalmente para cumprir o papel de vítima sacrificial, tal como a falácia utópica demandava. Uma função da ideologia utópica é contar uma história elaborada sobre o grupo-alvo, demonstrando que ele é desumano, desfruta de um sucesso imerecido, e é intrinsecamente merecedor de punição. Como demonstro no próximo capítulo, os esquemas do otimista inescrupuloso rapidamente se transformam em vingança contra aqueles que discordam dele. E a marca mais visível de dissidência é a capacidade de fixar seus olhos na realidade, e apesar disso conseguir prosperar.

Portanto, as ideologias totalitárias invariavelmente dividem os seres humanos em grupos de inocentes e culpados. Por trás da retórica apaixonada do Manifesto Comunista, por trás da pseudociência da teoria da mais-valia, e por trás da análise de classe diante da história humana, jaz uma fonte emocional única – ressentimento contra aqueles que se sentem confortáveis com o mundo ordinário do compromisso humano, o mundo do "nós", que atravanca o caminho do "eu" transcendental da revolução. A fim de destruir essas pessoas, é necessário estabelecer um núcleo militar no Estado – seja na forma de um partido, seja de um comitê, ou simplesmente de um exército que não se preocupe em disfarçar seu propósito militar. Esse núcleo desfrutará de poder absoluto e operará fora da lei. O próprio direito será substituído por uma versão do tipo Potemkin, a ser invocada sempre que necessário para lembrar as pessoas do objetivo supremo que ordena a sua existência. Essa lei Potemkin não será uma coisa tímida, retraída, como o direito nas sociedades civilizadas, que existe precisamente para minimizar sua própria invocação.

Ela será uma característica proeminente e onipresente da sociedade, constantemente invocada e exibida para imbuir todos os atos da classe governante de um ar inatacável de legitimidade. A "vanguarda revolucionária" será mais pródiga na emissão de formas legais e de carimbos oficiais do que qualquer dos regimes que ela substitui, e os milhões enviados para a execução receberão um documento impecável indicando que seu fim foi corretamente decidido e oficialmente decretado. Dessa forma, a nova ordem funcionará à margem do direito, mas inteiramente disfarçada por ele.[11]

A vanguarda começa mirando o grupo, classe ou raça culpável. Esse grupo será marcado em função de seu sucesso prévio, cujos frutos serão confiscados e destruídos ou distribuídos entre os vitoriosos. Os membros do grupo serão humilhados e até mesmo reduzidos a alguma condição animal, a fim de exibir a extensão de sua presunção anterior. Por essa razão, o Gulag e o campo de extermínio surgem como decorrência natural da tomada do poder. Os campos convertem suas vítimas em lixo humano e, assim, provam-lhes que elas eram indignas dos privilégios que antes desfrutaram. O impulso utópico não descansa depois que suas vítimas foram desprovidas de seus bens materiais. Ele busca retirar delas a sua humanidade, para mostrar que eles jamais foram dignos de possuir a menor das parcelas dos recursos terrenos, e que sua morte não deverá ser lamentada mais do que a morte de qualquer outro tipo de verme. Exemplar a esse respeito foi a humilhação de Maria Antonieta, rainha da França, que foi acusada de todos os crimes, inclusive incesto, sendo assim descrita como alguém que não fazia parte da humanidade normal.[12]

---

[11] Whittaker Chambers (*Witness*, New York, Random House, 1952) fez a mesma observação a respeito das células comunistas na América e em outros lugares sob ordens soviéticas. Qualquer crime poderia ser permitido, porém o pedaço de papel e o carimbo oficial eram parte dele, não havendo distinção, em última análise, entre permissão e comando.

[12] Ver o relato trágico da destruição da rainha em Antonia Fraser, *Marie Antoinette*. London, Weidenfeld & Nicolson, 2001.

Essa humilhação das vítimas é também uma prova da bondade transcendental das esperanças cuja realização elas tinham impedido. De alguma forma, que tem mais a ver com modos de pensar religiosos do que políticos, a vítima sacrificial purifica a imagem da utopia; e a purificação precisa ser eternamente renovada.[13]

Uma característica da falácia utópica é que ela não admite contestação. Aqueles que estão impedindo a chegada do milênio carregam a culpa em seu rosto: é por causa da sua própria existência que a chegada da utopia está sendo retardada. E os utópicos acreditam nisso, ainda que eles no fundo de seu coração saibam que as utopias são, por sua própria natureza, "atrasadas". O hiato entre a acusação e a culpa é fechado. Daí a importância dos crimes novos e frequentemente inventados, que significam mais uma condição existencial do que um ato específico de transgressão. "Você é um judeu/burguês/ *kulak*." "Bem, sim, admito isso." "Então, qual é a sua defesa?"

Porém, o partido que baseia seu governo na utopia nunca se sentirá confortável no mundo que ele cria. Ele será como o puritano, tal como definido por H. L. Mencken, submetido ao "temor apavorante de que alguém, em algum lugar, possa estar feliz". Ele suspeitará de que a refutação da utopia já está sendo descoberta. Em algum lugar deve haver algumas pessoas retomando as velhas formas de viver, expressando as suas energias, desfrutando de seus sucessos, e atingindo a paz e a felicidade que eles só poderiam desfrutar naquele futuro irreal, quando os conflitos forem transcendidos e a humanidade fundida em uma só. O partido governante procurará incansavelmente pelas ervas daninhas do engenho humano, pelos primeiros frágeis tentáculos da propriedade

---

[13] O aspecto religioso disso é realçado por René Girard em *La Violence et le Sacré*. Paris, Grasset, 1972, e *Le Bouc Émissaire*. Paris, Grasset, 1982. [Em edições brasileiras: *A Violência e o Sagrado*. Trad. Martha Gambini. Rio de Janeiro, Paz e Terra, 1990; e *O Bode Expiatório*. Trad. Ivo Storniolo. São Paulo, Paulus, 2004. (N. E.)] Os pensamentos de Girard são relevantes no caso de Maria Antonieta, e volto a abordá-los no Capítulo 10, onde o seu significado preciso tornar-se-á, espero, aparente.

privada, pelas tentativas tímidas das pessoas de crescer juntas em seus "pequenos pelotões". Ele nunca terá certeza de que os imigrantes, os judeus, a burguesia, os *kulaks*, ou quem quer que seja, tenham sido finalmente destruídos, e será assombrado pela sensação de que, para cada um que foi assassinado, aparecerá alguém para substituí-lo. Ele será forçado a confiscar não apenas a economia livre, mas também os clubes, as sociedades, as escolas e as igrejas que até então foram os instrumentos naturais da reprodução social. Em suma, a utopia, uma vez no poder, mover-se-á inexoravelmente em direção ao Estado totalitário.

Naturalmente, os utópicos originais morrerão, a maioria deles vitimada pela máquina que eles próprios criaram para a destruição dos outros. Um ou dois talvez possam morrer de causas naturais, embora seja uma das lições agradáveis da história recente descobrir quão poucos eles são. No final, a máquina estará funcionando no piloto automático, o seu *software* ossificado no *hardware*. Esse é o estágio final do totalitarismo – um estágio que não chegou a ser atingido pelos jacobinos ou pelos nazistas, mas que foi atingido pelos comunistas. Nessa condição, que Václav Havel ousou chamar de "pós-totalitária", a própria máquina se governa, alimentada por sua própria destilação impessoal da ideia original. As pessoas aprendem a "viver dentro da mentira", como Havel a definiu,[14] e realizam suas traições diárias com aquiescência rotineira, pagando seus débitos para a máquina e torcendo para que alguém, em algum lugar, possa saber como desligá-la.

O extremo totalitário não é a única ou mesmo a consequência normal da falácia da melhor das hipóteses ou da falácia do nascido livre. Mas sua presença subliminar está na base de outra falácia à qual agora me voltarei, que ilustra o quão tênue é a linha divisória entre a esperança inescrupulosa e o desejo vingativo de destruir os "inimigos" da esperança.

---

[14] "The Power of the Powerless", 1978, disponível em diversas coletâneas de ensaios de Havel.

Capítulo 5 | A Falácia da Soma Zero

Não são apenas os utópicos que evitam desapontamento procurando o "inimigo de dentro". Quando os otimistas comprometidos são confrontados com o fracasso – seja o fracasso de seus projetos para si próprios, seja o fracasso de seus projetos para melhorar a condição humana – dá-se início a um processo de compensação, destinado a salvar o plano encontrando a pessoa, a classe ou a panelinha que o frustrou. E essa pessoa, classe ou panelinha é marcada para a condenação pelos sinais de sucesso que exibe. Se eu fracassei é porque alguém teve sucesso – esse é o pensamento-mestre estratégico sobre o qual posso construir a salvação de minhas esperanças. Esse pensamento até apresenta seu equivalente entre os utópicos, que sabem que suas esperanças são impossíveis e as acalentam exatamente por essa razão. Mesmo os utópicos sentem a necessidade de punir um mundo que floresceu sem eles, e cujo sucesso é, portanto, uma reprimenda ao seu fracasso em destruí-lo.

O pensamento pode ser expresso de outra forma: cada perda equivale a um ganho de outro. Todos os ganhos são pagos pelos perdedores. A sociedade, portanto, é um jogo de soma zero, em que os custos e benefícios se neutralizam, e em que os ganhos dos ganhadores acarretam as perdas dos perdedores.

Essa falácia da "soma zero" tem estado na raiz do pensamento socialista desde os textos de Saint-Simon. Porém, ela atingiu um *status* clássico com a teoria da mais-valia de Marx. Esta procura demonstrar que o lucro do capitalista é extraído dos trabalhadores. Uma vez que todo valor é originado pelo trabalho, uma parte do valor que o trabalhador produz é retirado pelo capitalista na forma de lucro (ou "mais-valia"). O próprio trabalhador é compensado por um salário suficiente para "reproduzir sua força de trabalho". Porém, a "mais-valia" é retida pelo capitalista. Em suma, todos os lucros nas mãos do capitalista são perdas infligidas aos trabalhadores – um confisco de "horas de trabalho não pago".

Essa teoria não apresenta muitos seguidores hoje em dia. Seja lá o que pensamos da economia do livre mercado, ela pelo menos nos persuadiu de que nem todas as transações são jogos de soma zero. Acordos consensuais beneficiam ambas as partes: se não fosse assim, por que eles seriam feitos? E isso é tão verdadeiro sobre o contrato de trabalho quanto é a respeito de qualquer contrato de venda. Por outro lado, a visão da soma zero permanece como um componente poderoso no pensamento socialista, e um recurso já testado e confiável em todos os desafios apresentados pela realidade. Para certo tipo de temperamento, a derrota nunca é uma derrota infligida pela realidade, mas causada por outras pessoas, em geral agindo em conjunto como membros de uma classe, tribo, conspiração ou clã. Daí as reclamações não respondidas e irrespondíveis dos socialistas, que nunca admitirão que os pobres são beneficiados pela riqueza dos ricos. A injustiça, para o socialista, está conclusivamente demonstrada pela desigualdade, de modo que a mera existência de uma classe rica justifica o plano de redistribuir seus ativos entre os "perdedores" – um plano que exemplifica uma falácia adicional que explorarei no capítulo seguinte.

Nem todos os otimistas são socialistas. Ainda assim, quando os planos são frustrados, sempre é possível encontrar consolo na falácia da soma zero, que diz que onde quer que haja um fracasso, alguém está lucrando com ele. Talvez a área mais importante em que essa falácia vem operando nos últimos anos seja a das relações internacionais, em particular na percepção das relações entre o mundo desenvolvido e o em desenvolvimento, e vale a pena considerar o exemplo, uma vez que ele ilustra tão claramente o modo e as circunstâncias típicas pelas quais a falácia da soma zero opera.

Ela começou imediatamente após a Segunda Guerra Mundial, quando as potências ocidentais haviam perdido as suas possessões coloniais ou estavam em meio ao processo de descartá-las. O termo "Terceiro Mundo" ou *Tiers Monde* foi introduzido pelo demógrafo e economista Alfred Sauvy em 1952, e depois politizado por Nehru a fim de se buscar uma identidade internacional comum a todos aqueles países pós-coloniais que não pertenciam a nenhum dos blocos de poder mutuamente antagônicos.[1] Desde então, o Terceiro Mundo tem sido tratado como uma entidade única, e seus desastres sociais e econômicos são atribuídos ao sucesso e à tranquilidade relativos das nações ocidentais. O "terceiro--mundismo" emergiu como uma filosofia sistemática de desculpas para a conduta criminosa dos regimes pós-coloniais. De acordo com os terceiro-mundistas, as ex-colônias das potências europeias só precisam ser libertadas de suas relações pós-coloniais de dependência e, desde que com uma grande injeção de capital como compensação por tudo o que sofreram sob o jugo colonial, elas "decolarão". Algumas até que decolaram – notavelmente a Índia, a Malásia e os "Tigres Asiáticos". Porém, muitos não o fizeram, apesar de um investimento imenso em políticas otimistas; e a função do terceiro-mundismo foi a de responsabilizar as potências ocidentais por todos esses fracassos.

O Relatório Brandt de 1980 identificou o problema em termos familiares de soma zero.[2] O "Sul" (como os fracassados foram

---

[1] Sauvy estava expressamente comparando o Terceiro Mundo com o "Terceiro Estado" nas vésperas da Revolução Francesa: "*car enfin ce Tiers Monde, ignoré, exploité, méprisé comme le Tiers État, veut, lui aussi, être quelque chose*". *L'Observateur*, 14 ago. 1952 (parafraseando o abade Sieyès).

[2] Relatório da Comissão Independente sobre Temas de Desenvolvimento Internacional, chefiado por Willy Brandt, publicado em Nova York, em 1980.

chamados) estava atrasado porque não dispunha de recursos e não conseguia competir com o poder aquisitivo do Norte. A solução nos moldes tipicamente keynesianos consistia na "transferência de recursos do Norte para o Sul". Essa transferência, o relatório defendia, estimularia o desenvolvimento das nações empobrecidas e manteria o seu poder aquisitivo, assegurando portanto a sobrevivência de um sistema internacional que dependia, no final, de sua capacidade e vontade de comerciar. Os radicais rejeitaram o Relatório Brandt como evidência da natureza cínica do capitalismo internacional, que propõe se reformar somente pelo bem de sua própria sobrevivência, e somente de maneira a garantir a persistência da desigualdade da qual ele depende.[3] Os otimistas normais o aceitaram por conter a solução para um problema que não poderia ser resolvido de nenhuma outra forma pacífica.

Já em 1971, porém, um sinal de pessimismo cauteloso foi emitido. P. T. Bauer e Basil Yamey argumentaram que uma transferência de recursos para o Terceiro Mundo era prejudicial a ambas as partes, servindo meramente para perpetuar a tirania local e para neutralizar os incentivos locais para o crescimento econômico.[4] Como eles afirmaram, "apoiar governantes com base na pobreza de seus cidadãos efetivamente premia as políticas que causam o empobrecimento". O grande pessimista iraquiano Elie Kedourie foi além, argumentando que as "lutas de libertação nacionais", quando bem-sucedidas, marcavam não o início, mas o fim do crescimento econômico, e a extinção dos benefícios conferidos pela administração colonial.[5] Os argumentos apresentados por esses pensadores talvez não estejam corretos – ainda que a história subsequente tenha levado à sua

---

[3] Ver, por exemplo, Immanuel Wallerstein, *The Modern World System*, vol. I. London/New York, Academic Press, 1974.

[4] P. T. Bauer, *Dissent on Development*. Cambridge, MA, Harvard University Press, 1972.

[5] Elie Kedourie, *The Crossman Confessions and Other Essays in Politics, History and Religion*. London, Mansell Publishing, 1984.

aceitação generalizada, e sua defesa corajosa por Dambisa Moyo tenha tornado mais fácil para as pessoas endossá-los.[6] O que é importante, no entanto, é que eles envolvem uma rejeição da falácia da
soma zero, e um reconhecimento de que o lucro de um agente não é
necessariamente obtido por meio do prejuízo de outro agente.

Durante os últimos anos do milênio, por outro lado, os "especialistas" em desenvolvimento econômico abraçaram cada vez mais
o terceiro-mundismo. Sua visão era a de que o mundo em desenvolvimento faria progressos econômicos e queria apenas ajuda e um
"estímulo inicial" vindo dos países mais ricos; ou que – se ele não
estivesse progredindo – isso era em larga medida devido ao legado
do colonialismo, que havia impedido a formação de indústrias nacionais e seus respectivos mercados. De maneira não surpreendente,
ambas as posições foram entusiasticamente adotadas por líderes africanos como Robert Mugabe, que rapidamente estenderam as mãos
para receber subsídios ao mesmo tempo que culpavam o legado das
potências coloniais pelo empobrecimento de seu povo. O fato de que
os subsídios iam parar em contas de bancos suíços a que somente os
líderes africanos tinham acesso não era considerado particularmente
importante pelos especialistas. O que lhes interessava era a explicação para o fracasso.

A falácia da soma zero veio para resgatar não só Mugabe e
a sua turma, mas também os entusiastas que os haviam apoiado.
O fracasso na África foi devido ao sucesso em outros lugares. A pobreza da África pós-colonial foi o resultado direto da riqueza que
as potências europeias haviam adquirido por meio de suas colônias.
Dessa forma se perpetuou a doutrina de que os povos da África não
precisavam de leis, instituições e educação – como os regimes coloniais haviam proporcionado (independentemente das condições
toscas e insatisfatórias) – mas simplesmente de dinheiro, que seria

---

[6] Dambisa Moyo, *Dead Aid*. London, Allen Lane/Penguin, 2009.

apenas uma compensação justa pelos ativos que os colonialistas haviam tomado. Uma perspectiva totalmente invertida tornou-se, portanto, a ortodoxia. As potências ocidentais deveriam parar de fornecer a única coisa que foi capaz de trazer um mínimo de benefício para a África – ou seja, governo – e fornecer, em vez disso, a única coisa que vai garantir a ruína do continente – isto é, dinheiro. Conforme acontece nesses casos, esse dinheiro poderia ser gasto apenas no Ocidente, e ele premiava as elites corruptas e destruía os incentivos para a produção doméstica.

O terceiro-mundismo é um dos muitos exemplos em que a falácia da soma zero foi utilizada para responsabilizar os ricos pela pobreza, e assim tanto salvaguardar ilusões políticas quanto dotá-las de um "inimigo" útil. De fato, talvez a característica mais interessante da falácia da soma zero seja sua habilidade de apoiar ressentimentos transferíveis. Se você me prejudica, eu tenho uma queixa contra você: quero justiça, vingança, ou pelo menos um pedido de desculpas e uma tentativa de corrigir as coisas. Esse tipo de queixa é entre você e mim, e pode ser a ocasião de nos aproximarmos caso as medidas corretas sejam tomadas. O conceito da soma zero não funciona assim. Ele não se origina do prejuízo, mas do desapontamento. Ele olha ao redor procurando algum sucesso contrastante no qual colar seu ressentimento. E somente então ele começa a atuar para provar a si próprio que o sucesso do outro foi a causa do meu fracasso. Aqueles que investiram suas esperanças em algum estado futuro que será de bem-aventurança frequentemente terminarão com ressentimentos transferíveis, que carregam consigo, prontos para colá-los em qualquer alegria observável, e a acusar os bem-sucedidos de ser os responsáveis por seus fracassos que, de outra maneira, seriam inexplicáveis.

Os ressentimentos transferíveis são normais entre os adolescentes que, em seus esforços para se libertar da família, da igreja e da escola, ficarão ressentidos de qualquer um e de qualquer coisa que exija a sua obediência, indiferentemente. No mundo da política internacional, porém, descobrimos que os ressentimentos transferíveis tendem a se concentrar em um alvo comum – a saber, os Estados Unidos da América, cujo sucesso em tantas esferas atrai para si todos os tipos de hostilidade da parte daqueles que fracassaram em suas próprias esferas. Isso, parece-me, é uma das causas (ainda que, como argumentarei mais adiante, não a única causa) do antiamericanismo de nossa era. Como a maior economia do mundo, o maior poderio militar, a maior fonte de fé, esperança e caridade, em outras palavras, o maior em todas as coisas, a América se torna um alvo: ela está manifestamente "pedindo por isso". Ressentimentos que crescem em locais periféricos, entre as pessoas que jamais tiveram contato com a América, rapidamente passarão a ser transferidos para esse alvo, que é tão grande e tão proeminente que não dá para errar. E a falácia da soma zero avança para completar o argumento.

Os gregos acreditavam que, ao ficar demasiadamente acima do nível medíocre permitido pelos deuses ciumentos, o grande homem atrai a raiva divina – essa é a falta do húbris. Acreditando nisso, os gregos podiam desfrutar do ressentimento livre de culpa. Eles podiam enviar seus grandes homens para o exílio, ou decretar sua morte, acreditando que ao fazê-lo estavam simplesmente cumprindo o julgamento dos deuses. Portanto, o grande general Aristides, que foi responsável em grande parte pela vitória sobre os persas em Maratona e Salamina, e que foi apelidado de "O Justo" por conta de sua conduta exemplar e abnegada, foi mandado para o ostracismo e exilado pelos cidadãos de Atenas. Diz-se que um eleitor analfabeto que não conhecia Aristides foi até ele, com o pedaço de couro curtido utilizado na votação, para pedir que escrevesse nele o nome de Aristides. Este então lhe perguntou se Aristides lhe havia feito algum mal, e ele respondeu: "não, nem sequer o conheço, mas estou cansado de ouvir as pessoas o chamarem em toda parte de 'O Justo'". Ao ouvir essa resposta, Aristides, sendo justo, escreveu seu próprio nome naquele pedaço de couro.

O antiamericanismo não apresenta o tipo de desculpa religiosa que tornava o ressentimento fácil para o ateniense comum; e tampouco precisa disso. Graças à liberdade americana, é possível detectar qualquer tipo de transgressão na América, e ela pode ser divulgada com a maior facilidade. Qualquer crime que se deseje buscar para robustecer o antiamericanismo e justificá-lo pode ser facilmente encontrado e acrescentado à acusação. E desde que você abra mão de todo julgamento comparativo, jamais precisará ter consciência do fato de que seu ressentimento acusa você mesmo, e não a América.

Onde quer que o antiamericanismo floresça você descobrirá alguma queixa transferível que evita o autoconhecimento por meio desse caminho fácil. O antiamericanismo dos "eurocratas" tem tudo a ver com o fracasso da União Europeia em inspirar a lealdade que manifestamente une o povo americano, e não tem absolutamente nada a ver com a presença americana no mundo. O antiamericanismo dos socialistas tem tudo a ver com a refutação de sua filosofia pelo exemplo americano, e nada a ver com os males do capitalismo americano. Nessa conexão, existem poucos itens da literatura marxista que sejam mais cômicos do que os escritos da Escola de Frankfurt no exílio – e em particular os de Adorno e Horkheimer, que chegaram à Califórnia para serem confrontados com a visão chocante de uma classe trabalhadora não alienada. Adorno resolveu afastar a ilusão, produzindo resmas de disparates empolados destinados a demonstrar que o povo americano é tão alienado quanto o marxismo determina que ele seja, e que sua música alegre que celebra a vida é um artigo que virou fetiche, uma evidência de sua profunda escravização pela máquina capitalista.[7] Dessa forma, Adorno resgatou toda uma geração de marxistas de suas dificuldades, mostrando o caminho para

---

[7] Ver Theodor W. Adorno, *The Culture Industry: Selected Essays on Mass Culture*. Ed. J. M. Bernstein. London, Routledge, 1991.

se culpar a América por ser um local melhor do que aquilo que sua teoria permite que seja.

O antiamericanismo sempre encontra novos adeptos, e as queixas que o inspiram são em si mesmas sempre novas. O antiamericanismo dos islamitas tem tudo a ver com a estabilidade que os americanos desfrutam e que desapareceu do mundo muçulmano, e muito pouco a ver com os males da *jahiliyyah*[8] americana. De fato, a maioria dos muçulmanos na América vive de forma pacífica e igualitária com as pessoas que não adotam a sua fé, e eles alegremente se identificam como cidadãos americanos. A visão disso é tão ultrajante para um islamita quanto a visão de uma classe trabalhadora não alienada o era para Adorno. Os islamitas portanto expressam o seu ressentimento contra O Grande Satã com um antagonismo sem barreiras que vai além do de Adorno. Isso, porém, não deve nos cegar para o fato de que, como a maioria dos ressentimentos que terminaram por se concentrar na América, o dos islâmicos foi transferido para esse alvo em função de causas que têm pouco ou nada a ver com isso. Nos poucos anos de sua violência global, o ressentimento islâmico atingiu hindus e judeus, hereges e apóstatas, governos democráticos, comunidades pacíficas, passageiros em trens e ônibus, aldeões que viveram de acordo com as regras do *shari'ah* bem como os monges que cuidaram deles (a história de Tibhirine na Argélia).[9] Ele atacou tanto os críticos do Islã (Theo Van Gogh, Ayaan Hirsi Ali) quanto seus amigos (Naguib Mahfouz); e tem bradado com uma voz messiânica que o Islã é uma religião de paz (Tariq Ramadan), enquanto desafia você a sugerir o oposto.[10] Ele tem ameaçado o infiel com a danação ao mesmo tempo em que se dilacera,

---

[8] Palavra islâmica que significa a condição de ignorância espiritual que o Profeta foi enviado para eliminar.

[9] Ver John W. Kiser, *The Monks of Tibhirine: Faith, Love and Terror in Algeria*. New York, St. Martin's Griffin, 2002.

[10] Ver Caroline Fourest, *Brother Tariq: The Doublespeak of Tariq Ramadan*. New York/London, Encounter Books, 2008.

enquanto os sunitas e os xiitas disputam um direito sucessório que não apresenta nenhum significado em absoluto no mundo em que vivemos hoje. O islamismo ilustra perfeitamente a forma pela qual, ao transferir seu ressentimento, você consegue evitar o custo de compreendê-lo, que é o custo assustador do autoconhecimento.

Isso não quer dizer que os radicais islâmicos nunca estejam certos em suas acusações. Eles acertam o alvo com precisão com a mesma frequência com que Chomsky o faz, e obtendo efeitos similares. E, quando eles o fazem, é fácil concordar com eles. Quem entre nós está totalmente satisfeito com o mundo feito na América? Quem entre nós não desejaria que algum tipo de freio pudesse ser colocado na licenciosidade da máquina cultural americana? Porém esse não é o ponto. Uma dose de pessimismo judicioso nos relembrará de que existe uma conexão orgânica entre liberdade e seu abuso, e que a licenciosidade é o preço que devemos pagar pela liberdade política. Os muçulmanos querem essa liberdade tanto quanto nós: e para obtê-la eles emigram aos milhões dos locais onde o Islã é soberano para os locais onde ele não manda – sendo a América o porto seguro final. E essa é a fonte do ressentimento. O Islã radical está fora da realidade do mundo moderno: ele interpreta a revelação e a lei como sendo eternamente imutáveis e não adaptáveis, e a visão das pessoas conseguindo viver com sucesso de acordo com outros códigos e com outras aspirações funciona tanto como uma ofensa quanto como uma tentação irresistível. Daí os islâmicos fazerem demandas radicais que são impossíveis de ser atendidas e que existem a fim de afirmar a identidade daqueles que as fazem, em vez de convidar a um diálogo. E isso, parece-me, é a natureza da maior parte do antiamericanismo na sua forma atual: é uma antipatia existencial, que não pode ser corrigida por reforma alguma, uma vez que não é uma reação racional para com o seu alvo. É a admissão invertida do fracasso.

Os ressentimentos transferíveis que transformaram a América em seu alvo predileto agora estão vindo junto com alianças incongruentes que seriam cômicas se não fossem tão manifestamente destrutivas. O ex-prefeito radical de Londres, Ken Livingstone, cuja visão de mundo representa uma "coalizão arco-íris" de ressentimentos, recebeu de braços abertos tanto Hugo Chávez, o presidente venezuelano, quanto o xeque Yusef al-Qaradawi, o clérigo egípcio radical que jurou a destruição de Israel; ele abraçou os ativistas que lutam pelos direitos dos gays, bem como os mulás, que desejam executá-los – tudo com base na compreensão de que o compartilhamento de uma antipatia para com os valores tradicionais das sociedades ocidentais seja suficiente para se criar uma causa comum. A posição dos esquerdistas europeus está de fato cheia de paradoxos, uma vez que eles se aliam contra a "doença americana" com pessoas que poderiam considerá-los como alvos a qualquer momento. Como sabemos devido à experiência nazista e soviética, os ressentimentos transferidos podem mudar os alvos a qualquer momento, e a melhor coisa sobre eles é sua tendência de atacarem uns aos outros.

As pessoas cautelosas perguntar-se-ão qual é a melhor forma de se viver em um mundo de ressentimentos transferidos. Elas podem não concordar com Nietzsche de que o *ressentimento* está no fundo de nossas emoções sociais. Porém, elas reconhecerão sua ubiquidade, e sua propensão de reforçar suas esperanças e alimentar seu veneno por meio de autoaplicações da falácia da soma zero. Parece-me que não há maior necessidade de um pessimismo judicioso do que na confrontação dessa falácia, de forma a impedi-la de se enraizar em lugares onde pode conferir às nossas emoções mais básicas o seu verniz espúrio de credibilidade. E a necessidade é tanto mais urgente na medida em que as formas de pensamento de soma zero parecem surgir espontaneamente nas comunidades modernas, onde quer que os efeitos da concorrência e da cooperação sejam sentidos.

A falácia da soma zero tem sido de importância similar à da falácia do nascido livre na justificação das políticas revolucionárias. A Revolução Russa de outubro não atacou somente o governo de

Kerensky. Ela atacou os *bem-sucedidos*, aqueles que conseguiram se sobressair em relação a seus contemporâneos. Em todos os campos e em todas as instituições, aqueles que estavam por cima foram identificados, expropriados, assassinados ou despachados para o exílio, com Lênin assegurando-se pessoalmente da remoção daqueles que ele julgava ser os melhores.[11] Isso, de acordo com a falácia da soma zero, era a maneira de melhorar a condição dos demais. O ataque de Stálin aos *kulaks* exemplificou o mesmo tipo de mentalidade, da mesma forma que os ataques de Hitler aos judeus, cujos privilégios e propriedades haviam sido, na sua cabeça, adquiridos às expensas da classe trabalhadora alemã. A explosão do sentimento antiburguês na França do pós-guerra, gerando obras como *Saint Genet*, de Sartre, e *O Segundo Sexo*, de Simone de Beauvoir, seguiu a mesma lógica e foi incorporada à filosofia dos *soixante-huitards*.

Mesmo sem o contexto da revolução, o pensamento da soma zero tem uma função importante de proteger as falsas esperanças. Um exemplo poderoso é a crença amplamente disseminada de que igualdade e justiça são a mesma coisa. Poucas pessoas acreditam que se Jack tem mais dinheiro do que Jill isso em si seja um sinal de injustiça. Porém se Jack pertence à *classe* com dinheiro, e Jill à classe sem dinheiro, então o modo de pensar da soma zero imediatamente entra em ação para persuadir as pessoas de que a classe de Jack tornou-se rica à custa da classe de Jill. Esse é o ímpeto por trás da teoria marxista da mais-valia. Porém, é também um dos principais motivos da reforma social em nossa época, que está efetivamente minando os brados verdadeiros por justiça e inserindo um substituto espúrio em seu lugar. Não importa que Jack tenha trabalhado para adquirir seu patrimônio e que Jill tenha se mantido voluntariamente ociosa; não importa que Jack tenha talento e energia, enquanto Jill não tem nenhum dos dois

---

[11] Ver o relato de um episódio extraordinário em Lesley Chamberlain, *The Philosophy Steamer*. London, Atlantic, 2006.

atributos; não importa que Jack mereça o que tem ao passo que Jill não merece nada: para os igualitários, a única questão importante é a de classe, e as desigualdades "sociais" que são oriundas dela. Conceitos tais como o direito e o merecimento desaparecem e somente a igualdade define o objetivo. O resultado foi a emergência na política moderna de todo um conceito novo de justiça – um que não tem nada a ver com direito, merecimento, recompensa ou compensação, e que está efetivamente desvinculado das ações e responsabilidades do indivíduo. Esse novo conceito de justiça (que, eu insisto, não é um conceito de justiça de forma alguma) governou a reforma educacional nas sociedades ocidentais, particularmente no Reino Unido, onde os ressentimentos de classe de longo prazo encontraram uma voz no Parlamento e um alvo claro nas escolas. E o exemplo merece ser ponderado, uma vez que ele ilustra a quase impossibilidade de se escapar do pensamento da soma zero quando falsas esperanças e ressentimentos transferidos se alimentam mutuamente.

Venho de uma origem pobre e meus pais não tinham nem a capacidade nem o desejo de gastar dinheiro com minha educação. Porém, tive a boa sorte de ganhar acesso para a *grammar school*[12] da minha localidade, e daí para a frente pude abrir o meu caminho até a faculdade na Universidade de Cambridge e ingressar na carreira acadêmica. Minha *grammar school*, como tantas, havia sido criada de acordo com o modelo das escolas públicas, adotando seu currículo, seu estilo e alguns de seus maneirismos. Ela visava a oferecer a seus alunos as mesmas oportunidades que eles poderiam ter tido se seus pais fossem ricos. E ela foi bem-sucedida. Aqueles que tiveram o privilégio de entrar para a *High Wycombe Royal Grammar School* tiveram uma educação tão boa quanto as melhores disponíveis, e a prova disso foi

---

[12] Uma *grammar school* é um dos vários diferentes tipos de escola na história da educação no Reino Unido. Originalmente, era uma escola que ensinava línguas clássicas, mas tornou-se mais recentemente uma escola pública secundária orientada para o ingresso na universidade. (N. T.)

que nossos velhos colegas estavam representados entre os estudantes das faculdades da Universidade de Cambridge por um número que só era inferior ao daqueles oriundos de Eton.[13]

Não se tratou de justiça fornecer essa oportunidade aos jovens de origem pobre, nem teria sido uma injustiça impedi-la. A existência das *grammar schools* surgiu de uma velha tradição de instituições de caridade (minha escola foi fundada em 1542), que terminaram sendo encampadas pelo sistema de educação do Estado. Porém, claramente um sistema que permite que alguns alunos tenham êxito faz com que outros fracassem: então a falácia da soma zero é mantida. Tal procedimento, portanto, gera um sistema de educação de duas camadas, com os bem-sucedidos desfrutando de todas as oportunidades, e os fracassados sendo deixados de lado por serem "marcados para o resto da vida". Em outras palavras, o sucesso de alguns é pago pelo fracasso de outros. A justiça demanda que as oportunidades sejam equalizadas. E assim nasceu o movimento pela educação abrangente, junto com a hostilidade para com a realização das provas e o enfraquecimento de seu conteúdo, a fim de impedir que o sistema de educação estatal produza e reproduza "desigualdades".

É fácil assegurar a igualdade no campo da educação: basta remover todas as oportunidades de se avançar, de forma que nenhuma criança consiga aprender coisa alguma. E, para o observador cínico, foi exatamente isso que aconteceu. Não faz parte do meu propósito endossar esse cinismo, embora ele tenha sido muitas vezes expresso ao longo dos anos desde que Anthony Crosland e Shirley Williams, ministros da Educação sob governos trabalhistas, resolveram destruir as *grammar schools*.[14] Desejo simplesmente oferecer uma ilustração

---

[13] Eton é a escola para onde vão tradicionalmente os filhos da nobreza britânica. Winston Churchill, por exemplo, estudou lá. (N. T.)

[14] Por exemplo, por Kingsley Amis e outros nos "Black Papers" sobre educação, dos quais o primeiro foi *Fight for Education*. Eds. C. B. Cox e A. E. Dyson. London, Critical Quarterly, 1969.

surpreendente do funcionamento da falácia da soma zero. Um sistema que oferecia às crianças das famílias pobres uma oportunidade de progredir pelo talento e pela iniciativa foi destruído pela simples razão de que ele separava o êxito do fracasso. Naturalmente, é uma tautologia dizer que os testes separam os êxitos dos fracassos, e a abolição dessa distinção dificilmente poderá se constituir em uma demanda por justiça. Porém, o novo conceito de justiça "social" veio em socorro dos igualitários, e permitiu que eles apresentassem sua malícia em relação aos bem-sucedidos como uma luta pela justiça em nome do resto.

Uma dose de realismo teria relembrado as pessoas de que os seres humanos são diferentes, e que uma criança pode fracassar em uma coisa e ter êxito em outra. Somente um sistema educacional diverso, com exames bem concebidos e rigorosos, fará com que as crianças encontrem o conhecimento, a experiência ou a vocação que sirvam às suas habilidades. O pensamento da soma zero, que vê o sucesso educacional de uma criança como tendo sido pago pelo fracasso de outra, força a educação a um molde que não tem nada a ver com ela. A criança que fracassa em latim pode ter êxito em música ou metalurgia; aquele que fracassa em ir para a universidade pode ter êxito como um oficial do exército. Todos nós sabemos disso, e isso é tão verdadeiro sobre os procedimentos educacionais como é verdadeiro a respeito dos mercados, que não são jogos de soma zero. Ainda assim, é como eles são tratados sempre que falsas esperanças são investidas na ideia utópica da "educação pela igualdade". A rotina entre os políticos e os especialistas em educação é a de perseguir os locais de excelência – Oxbridge, as escolas públicas, as *grammar schools*, as escolas de música – e encontrar modos de penalizá-los ou de fechá-los. Dessa forma, a falácia nos ensina, os outros serão beneficiados, e então finalmente teremos um sistema educacional que se adeque às exigências da "justiça social".

No penúltimo capítulo trato da questão mais profunda de como uma pessoa cautelosa pode viver no mundo tal como o encontramos agora – em que o ressentimento nos assalta por todos os lados, e em que as realizações e as liberdades de que desfrutamos no Ocidente são os alvos de um novo e radicalizado desapontamento. Porém, antes de eu voltar a esse tema, existem algumas outras falácias que preciso examinar, a fim de que o leitor possa visualizar um quadro mais completo dos recursos intelectuais abundantes dos quais as pessoas poderão dispor para readequar a realidade de modo que ela se encaixe em suas esperanças, e assim evitar a tarefa difícil que a razão lhes coloca, que é a de reordenar as suas esperanças para que se encaixem na realidade.

Capítulo 6 | A Falácia do Planejamento

Assim como a falácia da soma zero, a falácia do planejamento não é uma característica peculiar dos otimistas, e predomina onde quer que certo tipo de atitude do "eu" assuma o controle sobre o "nós". Trata-se da resposta natural às dificuldades coletivas na mente de qualquer pessoa que não reconheça que as soluções consensuais para os problemas coletivos não são, como regra, impostas, mas sim descobertas, e que elas são descobertas ao longo do tempo. A falácia do planejamento consiste na crença de que podemos avançar coletivamente rumo a nossos objetivos adotando um plano comum, e dedicando-nos a ele sob a liderança de alguma autoridade central tal como o Estado. Trata-se da falácia de acreditar que as sociedades podem ser organizadas da mesma forma que os exércitos são organizados, com um sistema de comando de cima para baixo e um sistema de prestação de contas de baixo para cima, assegurando uma coordenação bem-sucedida de muitas pessoas em torno de um plano criado por poucas.

Essa falácia foi completamente destruída na esfera da economia por Mises, Hayek e outros membros da escola austríaca, e vale a pena repassarmos seus argumentos antes de avançar na sua aplicação mais ampla. Esses argumentos surgiram com o "cálculo do debate" iniciado por Mises e Hayek em resposta às propostas socialistas para uma economia centralmente planejada. A resposta austríaca a essas propostas gira em torno de três ideias cruciais. Primeiro, a atividade econômica de cada pessoa depende do conhecimento sobre os desejos, as necessidades e os recursos das outras pessoas. Segundo, esse conhecimento está disperso por toda a sociedade e não é propriedade de nenhum indivíduo. Terceiro, na troca livre de bens e serviços, o mecanismo de preço providencia o acesso a esse conhecimento – não como uma declaração teórica, mas como um sinal de ação. Os preços em uma economia livre oferecem a solução para um sem-número de equações simultâneas que mapeiam a demanda individual em contraste com a oferta disponível. Todavia, quando os preços são fixados por uma autoridade central, eles deixam de fornecer um índice tanto da escassez de um recurso quanto da extensão da demanda dos outros por ele. Esse aspecto crucial do conhecimento econômico, que existe em uma economia livre como propriedade de todos, é destruído. Por isso, quando os preços são fixados duas coisas acontecem: a economia quebra, com filas, excesso ou escassez de produtos substituindo a ordem espontânea de distribuição, ou é substituída por uma economia informal, de "mercado negro", em que as coisas são trocadas pelo seu valor real – o preço que as pessoas estão dispostas a pagar por elas.[1] Esse resultado foi sobejamente confirmado pela experiência das economias socialistas; porém, o argumento dado para apoiá-lo não é empírico, mas *a priori*. Ele se baseia em amplas concepções filosóficas concernentes às informações socialmente geradas e disseminadas. Trata-se, de fato, de uma defesa da razoabilidade de uma primeira pessoa do plural verdadeira, contra a mera "racionalidade" do "eu" coletivo – uma defesa conduzida em outros termos por Burke

---

[1] Os argumentos que condensei aqui estão descritos em detalhes em Ludwig von Mises, *Socialism: An Economic and Sociological Analysis*. Trad. J. Kahane. London, Jonathan Cape, 1936 (primeiramente publicado em 1922 como *Die Gemeinwirtschaft: Untersuchungen über den Sozialismus*), e nos ensaios de Hayek reunidos em *Individualism and Economic Order*. London/Chicago, Routledge Press/University of Chicago Press, 1948, especialmente os três ensaios sobre "O Cálculo Socialista" republicados nessa edição.

em nome da tradição contra a "razão" dos revolucionários franceses, e por Michael Oakeshott em nome da associação civil contra a "associação empreendedora" governada por planos e objetivos.[2]

O ponto importante desse argumento é que o preço de uma *commodity* leva em seu bojo informações econômicas confiáveis somente quando a economia é livre. Apenas nas condições de trocas livres os orçamentos dos consumidores individuais são incorporados pelo processo epistêmico, como poderíamos chamá-lo, que destila na forma do preço a solução coletiva para seu problema econômico compartilhado – o problema de saber o que produzir e o que trocar por isso. Todas as tentativas de interferência nesse processo, controlando tanto a oferta quanto o preço de um produto, levarão a uma perda de conhecimento econômico. Pois esse conhecimento não está contido em um plano, mas somente na atividade econômica dos agentes livres, enquanto produzem, comercializam e trocam seus bens de acordo com as leis da oferta e da procura. A economia planejada, que oferece uma distribuição racional em lugar da distribuição "aleatória" do mercado, desfaz as informações das quais depende o funcionamento apropriado da economia. Ela, portanto, mina a sua própria base de conhecimento. O projeto se apresenta como racional; porém, não é de forma alguma racional, uma vez que depende de um tipo de conhecimento que só se encontra disponível nas condições que ele destrói.

Um corolário desse argumento é que o conhecimento econômico, do tipo contido nos preços, vive embutido no sistema, é gerado pela atividade livre de inúmeros agentes racionais e não pode ser traduzido em um conjunto de proposições ou alimentado como premissas em algum dispositivo solucionador de problemas. Como os austríacos

---

[2] O alvo de Burke, em *Reflexões sobre a Revolução na França*, de 1790, era a "doutrina armada" dos revolucionários e sua concepção de políticas ditadas por objetivos tais como se fossem demandadas pela Razão. O alvo de Oakeshott em *Rationalism in Politics* (London, Methuen, 1962) era semelhante.

foram possivelmente os primeiros a perceber, a atividade econômica exibe a lógica peculiar da ação coletiva, quando a resposta de uma pessoa muda a base de informações de outra. Partindo desse reconhecimento, surgiu a ciência da teoria dos jogos, desenvolvida por Von Neumann e Morgenstern como um primeiro passo rumo a uma explicação dos mercados, porém tratada hoje como um ramo da matemática com aplicações em todas as áreas da vida social e política.

Esse argumento poderoso pode ser estendido para outras esferas – que servem para justificar, por exemplo, a emergência do direito por meio da introdução de tribunais comuns e a emergência de um sistema de saúde por meio de entidades filantrópicas locais e hospitais privados. Em cada esfera onde temos interesses compartilhados, e uma necessidade de cooperação, há uma diferença entre a ordem do plano e a ordem da mão invisível. Só raramente, e em casos especiais, a ordem do plano vai ao encontro de suas próprias necessidades ou obedece aos princípios elementares do raciocínio coletivo prático. Ainda assim, nosso mundo está cada vez mais sujeito aos planos dos burocratas e idealistas, que supõem que podem nos apresentar objetivos coletivos e depois criar os meios para realizá-los. É precisamente na contemplação desses planos que é ainda mais necessária uma dose de pessimismo, a fim de observar que nenhum plano permanecerá em vigor durante muito tempo, se as pessoas dispuserem de liberdade para desobedecê-lo, e que todos os planos fracassarão, se sua execução depender de informações que o próprio plano destrói. A Terceira Lei da Política de Conquest nos diz que a forma mais simples de explicar o comportamento de qualquer organização burocrática é supor que ela é controlada por uma conspiração de seus inimigos. Essa é uma forma adequada de descrever o resultado normal da falácia do planejamento – que a coisa pretendida nunca será realizada, e muito cedo tornar-se-á irrelevante para aqueles encarregados de realizá-la.

É óbvio que a falácia do planejamento desempenha um papel importante na visão de mundo utópica que descrevi no Capítulo 4.

Mas ela de forma alguma está restrita apenas aos utópicos. Talvez o maior exemplo da falácia do planejamento em nosso mundo, e o exemplo de insensatez institucionalizada de maior alcance que o mundo livre testemunha atualmente, seja a União Europeia, e vale a pena examinarmos essa experiência com esperança, por se tratar de uma ilustração poderosa da forma em que, por sua própria natureza, os planos fracassam por destruir as informações necessárias para sua realização. Parecia razoável, até mesmo imperativo, em 1950 juntar as nações da Europa de uma forma que impedisse as guerras que por duas vezes quase destruíram o continente. E a nova Europa foi concebida como um plano abrangente – que eliminaria as fontes do conflito europeu e colocaria a cooperação em vez da rivalidade no coração da ordem continental. Os arquitetos do projeto europeu acreditavam que a forma mais eficaz de criar a unidade que eles buscavam era através da padronização imposta por uma autoridade central, com o objetivo de longo prazo da unificação. Esse objetivo é invocado, em todos os documentos sobre sua política, como algo que avança inexoravelmente: uma "união cada vez mais estreita" que legitimou a criação de todos os tipos de leis e regulamentos como partes necessárias do projeto. Em decorrência disso, as nações da Europa encontram-se aprisionadas em uma teia crescente de regulamentações que, ao exigirem a implantação de políticas sociais e fiscais incapacitantes em todo o continente, terminam por neutralizar as vantagens econômicas que a Europa poderia desfrutar de sua infraestrutura e de seu capital social.

O regime de padronização acompanha uma nova forma de quase governo que não precisa prestar contas de suas ações. Decisões-chave são tomadas por um pequeno comitê de líderes nacionais. A tarefa de transformar essas decisões em regras é assumida por um centro administrativo poderoso em que as carreiras são cobiçadas independentemente do plano, e de qualquer forma sem nenhuma concepção de como o plano poderá ser realizado. Ao mesmo tempo, a implantação dessas regras é deixada a cargo dos Estados-membros, juntamente com o custo gerado por seu cumprimento. E todo o processo nebuloso e confuso fica dentro da jurisdição de um tribunal que exerce seus poderes indeterminados na busca dessa "união cada vez mais estreita" que há muito tempo deixou de ser um objetivo realista, mas que jamais poderá se submeter a condicionantes e alterações, uma vez que ela define os contornos do plano.

Nosso continente está em uma condição econômica, social e cultural crítica. As economias dominadas pelo Estado, comprometidas com planos de aposentadorias e programas de bem-estar social que elas já não conseguem mais financiar; imigração adversa de minorias que não aceitam uma nova jurisdição territorial nem as liberdades elementares sobre as quais nossos sistemas políticos foram construídos; uma perda da herança moral e espiritual judaico-cristã, da qual nosso direito, nossos sistemas educacionais e nossa cultura derivam: em face desses e de muitos outros eventos críticos, o velho projeto de integração parece, de fato, uma atividade deslocada, um jeito de os políticos se ocuparem com soluções ilusórias enquanto esperam que os problemas desapareçam. Constatamos isso na hesitação fútil com a qual as instituições europeias responderam à catástrofe na Bósnia. Vemos isso na tão apregoada estratégia antiterrorista da União Europeia, cuja proposta mais concreta é criar um "léxico não emotivo" para a discussão do problema. Vemos na resposta da Comissão à Rússia, quando esta interrompe o suprimento de gás para seus vizinhos, que consiste em "completar o mercado único de energia" construindo mais interconectores. Todo o processo de regulação e de ditadura parece estar à deriva no reino de fantasia que se criou. Ainda assim, é um produto impecável do plano, e do método de implantação de cima para baixo.

Podemos entender melhor o efeito da falácia do planejamento quando estudamos as tentativas de neutralizar seu efeito centralizador. Essas tentativas concentram-se no termo "subsidiariedade". Esta palavra, incorporada ao Tratado de Maastricht e ostensivamente garantindo a soberania local, é um termo do pensamento social católico romano, e recebeu seu sentido atual na encíclica do Papa Pio XI em 1929.[3] De acordo com o citado pontífice, "subsidiariedade" significa que as decisões devem sempre ser tomadas no nível mais baixo, por grupos e comunidades que assumem eles próprios as responsabilidades pelos temas decididos.

Essa palavra foi apropriada por Wilhelm Röpke, o economista alemão que, exilado da Alemanha nazista na Suíça, ficou surpreendido e impressionado ao descobrir uma sociedade que é o oposto em tantas maneiras daquela da qual ele havia escapado.[4] Ele viu que a sociedade suíça está organizada de baixo para cima, e resolve seus problemas no nível local, por meio da livre associação dos cidadãos naqueles "pequenos pelotões" pelos quais Edmund Burke havia feito um apelo tão passional ao lastimar a ditadura de cima para baixo da Revolução Francesa. A subsidiariedade, na forma como Röpke entende esse termo, refere-se ao direito das comunidades locais de tomar decisões sobre si próprias, incluindo a decisão de transferir o tema para um foro maior. A subsidiariedade coloca um freio absoluto nos poderes centralizadores ao permitir o seu envolvimento somente quando este é solicitado. É a forma de reconciliar uma economia de mercado com as lealdades locais e o espírito público que, de outra forma, ela poderia corroer. É, em suma, o nome de uma economia que coloca o "nós" antes do "eu" e reconhece que as ordens social e econômica emergem de nossa barganha tácita como consequências, e não como objetivos.

Na União Europeia, como ela é hoje, o termo "subsidiariedade" denota não um meio pelo qual os poderes são transferidos de baixo para cima, porém o meio pelo qual os poderes são alocados de cima para baixo. São a União Europeia e as suas instituições que decidem

---

[3] *Divini illius magistri*. Vaticano, 1929.

[4] Wilhelm Röpke, *A Humane Economy: The Social Framework of the Free Market*. London, O. Wolff, 1960.

onde os poderes subsidiários começam e terminam, e ao pretender conceder poderes na própria palavra que os remove, o termo "subsidiariedade" embrulha toda a ideia de governo decentralizado em um mistério. Para os eurocratas, os governos nacionais são autônomos apenas no nível "subsidiário", e as instituições europeias são as únicas que detêm os poderes para determinar exatamente que nível é esse. Isso é precisamente o que a falácia do planejamento demanda: todas as decisões são legítimas, exceto aquelas que vão contra o plano. E somente os guardiões do plano sabem que decisões são essas.

Mas o objetivo do plano, enquanto isso, escapa da visão: quem sabe como chegar à "união cada vez mais estreita" que é a moldura litúrgica dos documentos da União Europeia, e como ela se pareceria se fosse atingida, ou será que seus defensores mais ardentes ainda desejariam promovê-la, caso eles tivessem a oportunidade de vê-la face a face? A frase vazia não pode ser traduzida para nada mais irrefutável do que mais leis, mais regras, mais governo, mais poder transferido ao centro. O resultado é uma perda em larga escala das informações – informações sobre os desejos, as necessidades e as lealdades das pessoas – das quais a implantação do plano dependeria. O plano destrói sua própria base de conhecimento.

Sem nos aventurarmos demasiado longe na teoria política, seguramente não é controverso asseverar que, se é que existe alguma razão acima de todas as outras para elogiar a civilização da Europa, ela consiste na emergência, nesse continente, do império da lei, no qual a lei fica acima daqueles que a promulgam e os obriga a prestar contas de seus atos. O "império da lei, e não dos homens" não era nenhuma inovação para John Adams, mas um ideal já defendido na *Política* de Aristóteles, um ideal implícito nas *Institutas* e no *Digesto* de Justiniano, e para o qual os pensadores da Idade Média e da Renascença retornavam com frequência.

É precisamente por essa razão que o direito, na Europa, sempre esteve ligado ao conceito da soberania nacional. O direito, para nós, é o direito da terra. E embora muitos dos nossos sistemas legais derivem em larga medida daquilo que era, originalmente, a jurisprudência universal do Direito Romano, eles evoluíram de formas diferentes em locais diferentes, e incorporaram em si o legado da história nacional. Devemos ter em mente que as leis que sobrevivem em qualquer Estado não são aquelas feitas em tempo de guerra ou outra emergência, mas aquelas feitas em tempos de paz. Os sistemas legais da Europa contêm dentro deles – e especialmente naquilo que diz respeito à associação civil – o legado da paz, e a fórmula para o restabelecimento da paz após qualquer conflito. Interferir com sua operação, ou neutralizar suas cláusulas com editos que não levam em conta os sedimentos profundos da argumentação que eles contêm, é colocar em risco a fonte mais importante de estabilidade nas comunidades europeias.

Porém, é precisamente em sua abordagem do direito que a falácia do planejamento consagrada no projeto europeu mostrou ser mais destrutiva. O direito comum da Inglaterra adequa-se ao modelo da racionalidade coletiva que Hayek chama de "catalática".[5] Ele não é imposto de cima por algum corpo executivo, mas construído de baixo a partir da descoberta de soluções justas para os conflitos humanos reais, e então derivando delas, por meio da doutrina do precedente, um sistema de regras jurídicas. O nosso direito está vinculado à soberania, uma vez que ele consiste de soluções que os tribunais ofereceram em nome do soberano; e ele pode evitar editos injustos por meio das "doutrinas de equidade", que produzem aquelas construções intelectuais maravilhosas como a confiança, a posse benéfica e os mandados, que – de acordo com o entendimento de alguns – são os responsáveis pela proeminência da Inglaterra no mundo das finanças. Em todas as formas o direito comum resiste à ditadura, e mesmo que haja também uma regra do direito comum para que os

---

[5] F. A. Hayek, *Law, Legislation and Liberty*. 3 vols. London, Routledge and Kegan Paul, 1973, vol. I.

tribunais apliquem todos os estatutos de acordo com a "vontade do Parlamento", fica a critério dos tribunais, e não do Parlamento, discernir exatamente que vontade é essa. Além do mais, o enraizamento do direito comum na busca por soluções significou que ele responde imediatamente às queixas, e tornou a legislação do comércio outorgada de cima para baixo amplamente desnecessária. A responsabilidade pelo produto, por exemplo, controlada nos sistemas da Europa continental por uma regulamentação extensa, era, até a entrada na União Europeia, em larga medida controlada pelo direito inglês com base no caso importante de *Donoghue v. Stevenson*, de 1932, em que alguém que havia ficado doente por causa de um caracol decomposto que conseguiu penetrar em uma garrafa de cerveja de gengibre ganhou um processo contra o fabricante. O caso tornou claro que a regra do direito comum não é, como no Direito Romano, *caveat emptor*, e sim *caveat vendor* – que diz que o vendedor tem o dever de tomar todos os cuidados necessários para com todos aqueles que provavelmente consumirão o seu produto.

Os poderes legislativos conferidos ao Conselho de Ministros pelo Tratado de Roma não tinham originalmente a intenção de estimular a emissão de tal torrente de editos que acabou por torná-lo responsável pela maior parte da legislação adotada por assembleias e parlamentos dos Estados-membros. Porém, foi isso que aconteceu e, de maneira não surpreendente, o direito comum está desconfortável com esse tipo de direito produzido mecanicamente. Esse procedimento vai contra o cerne da jurisprudência inglesa ao fazer crer que um edito emitido em Bruxelas *já* faz parte do direito da terra, mesmo antes de ter sido discutido no Parlamento ou de ter sido testado nos tribunais. E não é somente o direito comum da Inglaterra que se choca com essa abordagem de cima para baixo da legislação. As leis dos Estados europeus ou são descobertas, como no caso da lei comum, nos meandros do conflito social, ou são adotadas por assembleias eleitas após discussão aberta e a publicação das deliberações dos comitês.

Em todos os sistemas legislativos nacionais foi feita uma tentativa de ajustar o direito às necessidades sociais percebidas da nação, solicitando o consentimento do povo não meramente de lei a lei, mas de caso a caso, por meio do funcionamento dos tribunais. Em contraste, os editos do Conselho de Ministros são emitidos após discussões mantidas em segredo, que nem sequer são transcritas em ata, com base em propostas feitas pelos burocratas da Comissão, orientados por princípios nos quais os limites da legislação não são claramente declarados ou examinados publicamente. Ainda assim, sob a doutrina da "competência compartilhada", entende-se que onde a União Europeia e um Estado-membro possuem ambos o direito de legislar em uma determinada área, o direito do Estado-membro cessa tão logo a União Europeia decida exercer sua competência.

O problema aqui é mais profundo dentro da estrutura da União Europeia. As leis aprovadas como resultado das regulamentações da UE não são meramente adotadas pelas legislaturas dos Estados-membros. Elas são efetivamente incorporadas nos Tratados e, portanto, tornadas irreversíveis. A regra mais básica da construção de leis – a de que os erros podem ser corrigidos – encontra-se ausente do processo legislativo europeu. Ao mesmo tempo, o Tribunal de Justiça Europeu, que supostamente deve decidir sobre todos os conflitos criados pela legislação europeia, é expressamente chamado para avançar no projeto da "união cada vez mais íntima" e portanto irá, em qualquer caso em que seja necessário o emprego de critérios judiciais subjetivos ou quando houver necessidade de inovações, basear-se nesse projeto como princípio orientador. Isso, de fato, é exigido dele pela doutrina da UE que demanda a "cooperação mútua sincera" das instituições dentro da União.

A qualidade irreversível da legislação da UE já está implícita no termo – the *acquis communautaire* – usado para descrevê-la. Esse termo denota todo o corpo de leis, políticas e práticas que foram desenvolvidas em qualquer dado momento dentro da UE; porém ele se refere especialmente àquelas leis e procedimentos em que o aparato central adquiriu poderes que previamente eram exercidos pelos Estados-membros, e daí para frente passaram a ser exercidos pela União. Somente após o Tratado de Maastricht de 1992 é que esse termo passou a fazer parte da terminologia oficial, mas alguns anos antes já se havia tornado claro que o *acquis* existe, que ele é a realização real e duradoura da União, e que ele obriga os Estados-membros a aceitar todas as medidas centralizadoras prévias e futuras, ao mesmo tempo que implicitamente descarta a repatriação de quaisquer poderes adquiridos. As leis, regulamentos e procedimentos escritos do *acquis* agora equivalem a mais de 170.000 páginas; poucos especialistas possuem conhecimento de mais do que uma pequena fração deles. E analisando página por página, examinando os milhares de regulamentos nebulosos e os frequentemente maliciosos confiscos da autoridade democrática, fica-se com a impressão de uma intromissão que beira a insanidade. Essa impressão é tão comum entre os partidários do projeto da "união cada vez mais estreita" quanto entre os defensores da subsidiariedade. Quase todos parecem concordar que alguma coisa está errada; que se instalou uma máquina, mas que ficou faltando alguma engrenagem para que ela possa funcionar corretamente.

Se você analisar a Revolução Russa, e todos os desastres que decorreram dela, desde a liquidação dos *kulaks*, passando pelo genocídio ucraniano e o pacto nazi-soviético, até as rotinas sombrias de um Estado atormentado pelos *gulags*, seguramente você se perguntará o que deu errado para que cada engano fosse seguido por outro ainda maior. A resposta é simples. Ao abolir todas as instituições através das quais o Partido e seus membros poderiam ser responsabilizados pelas suas ações, Lênin destruiu os meios pelos quais os erros poderiam ser retificados. Seu Estado de partido único, governado por planos impostos de cima para baixo, era uma máquina que não dispunha de informações sobre o seu desempenho e que fugiu do controle tão logo foi posta em funcionamento. Algo semelhante aconteceu com a União Europeia. Naturalmente, os objetivos são menos ignóbeis e os resultados, mais benignos. Ainda assim, parece haver poucas maneiras, se é que elas existem, pelas quais os enganos possam ser corrigidos ou as pessoas que tomam essas decisões possam vir a ser responsabilizadas pelas suas consequências. O *acquis* é uma prova evidente disso. Ele está sempre crescendo e não se perde nenhum acréscimo.[6] Por mais tolo que seja para as instituições europeias assumir responsabilidade por alguns temas que seriam mais bem tratados pelos Estados-membros, nenhum poder, uma vez transferido, é jamais recuperado. Regulamentações ridículas podem ser devidamente escarnecidas de cima para baixo na União; porém os sorrisos acabam morrendo uma vez que nunca provocam qualquer reação. Há um vácuo cavernoso no núcleo do processo europeu, um vácuo que recebe perguntas feitas constantemente pelos cidadãos, mas que jamais emite qualquer resposta.

Leis que, uma vez aceitas, passam a fazer parte de um tratado são leis que apresentam um *status* radicalmente diferente das leis aprovadas por uma assembleia legislativa normal. Quando uma assembleia nacional aprova uma lei ruim, uma assembleia subsequente pode revogá-la: nenhum procedimento especial é necessário para desfazer o engano além daquele mesmo que lhe deu origem. Porém, a natureza peculiar da lei europeia proíbe esse simples processo de retificação. A lei, uma vez promulgada, sai da esfera da discussão e fica protegida contra revogação em função de seu *status* sob os tratados. Uma vez que nenhum Estado-membro contemplará a hipótese de repudiar os tratados, pelo menos por um tema tão coloquial

---

[6] De acordo com a organização de estudos Open Europe, que geralmente é confiável, o número de atos legais em vigor na UE subiu de 10.800 em 1998 para 26.500 em 2008; o custo anual de regulamentação no Reino Unido subiu de £ 16,5 bilhões em 2005 para £ 28,7 em 2008, enquanto o custo cumulativo de regulamentação ao longo dos 10 anos até 2008 foi de £ 148,2 bilhões – 10% do PIB. Setenta e dois por cento desse custo foi devido a regulamentações da UE. Relatório emitido em março de 2009.

quanto alguma regulamentação fastidiosa ou até mesmo por causa de um grande, porém tolerável, custo financeiro, as leis inadequadas permanecem válidas, enterradas nas 170.000 páginas do *acquis communautaire*. Essas leis, que amarram as mãos dos Estados europeus e estão fazendo com que a Europa como um todo fique cada vez menos competitiva na economia mundial, estão também levando ao descrédito todo o processo legislativo. Em seu devido tempo, o hábito da desobediência tornar-se-á de tal maneira generalizado que os cidadãos europeus considerar-se-ão tão pouco compromissados com a obediência à Comissão Europeia quanto a Comissão sente-se obrigada a prestar contas aos cidadãos. Quando isso começar a acontecer, a União terá chegado a seu fim; porém, pode acontecer tarde demais, e após o tipo de colapso de todo o continente que muitos comentaristas estão prevendo agora. Indubitavelmente será muito melhor dar ouvidos aos pessimistas agora e interromper de vez o planejamento da "união cada vez mais estreita".

Como Lênin ilustrou, o pior tipo de governo não é aquele que comete enganos, mas aquele que, ao cometer os enganos, é *incapaz de corrigi-los*. Quando os poderes do governo são divididos de maneira apropriada, e quando aqueles com soberania podem ser destituídos pelo voto, os enganos podem ser remediados. Porém, suponha que as instituições de governo sejam montadas de tal maneira que toda a concentração do poder seja irreversível, de modo que os poderes adquiridos pelo centro nunca possam ser recuperados. E suponha que aqueles que governam no centro sejam nomeados, não possam ser substituídos pelo voto popular, reúnam-se em segredo e mantenham poucos registros, ou nenhum, de suas decisões. Você acha que, em tais circunstâncias, existem as condições para que eventuais erros possam ser corrigidos, ou até mesmo convincentemente admitidos? Preste atenção nos pronunciamentos públicos da Comissão Europeia tentando encontrar alguma evidência de contrição, e você descobrirá que está perdendo o seu tempo. Após os votos negativos dos franceses

e dos holandeses a respeito do Tratado Constitucional, a UE e o governo da França lançaram *websites* destinados a provar que o povo
sempre foi consultado. Porém, os *websites* são um fluxo contínuo
de propaganda, redigido naquele tipo de língua europeia que, assim
como a novilíngua de Orwell, torna pensamentos hereges inexpri-
míveis. Da mesma forma, o voto negativo dos irlandeses para com o
Tratado de Lisboa gerou nada mais do que uma solicitação para que
a votação fosse feita novamente. Além do mais, analise os tratados e
a propaganda que os acompanha, e você encontrará apenas imperativos, tabelas, declarações do que *deve* ser feito e *quando*, em vez de
apelos para a consideração popular e o debate aberto. Em suma, não
existe o plano B, nenhuma forma de reverter decisões que já tenham
sido tomadas, e nenhuma maneira de dar espaço à voz do "nós" contra a torrente de editos de um "eu" coletivo demente.

A falácia do planejamento conduz a outra: a desagregação de
problemas. A fim de rumar em direção ao objetivo coletivo temos que
lidar com cada questão partindo de um mesmo ponto de vista central.
Se surge um problema que precisa ser resolvido, nós então o solucio-
namos por meio de uma regulamentação. Porém, a solução de um
problema causa o surgimento de outros que – seja porque pertencem
a outro departamento, seja porque são jogados para o futuro – não
são sequer considerados pela máquina legislativa. Além disso, nada
autorizado pelo plano pode ser revertido. Então estamos encilhados
pela Diretiva da União Europeia para Equipamento de Proteção Pessoal 89/696, que determina que botas Wellington sejam vendidas com
um manual do usuário de 24 páginas escrito em dez línguas, fornecendo recomendações sobre avaliação de risco, condições de armaze-
nagem, expectativa de durabilidade, lavagem com detergente suave,
e resistência a eletricidade, clima frio e óleo (ainda que não a água).
Os usuários são aconselhados a experimentar cada bota antes do uso,
e até mesmo a quantidade de energia absorvida pelos calcanhares
é registrada. Os fabricantes são obrigados a testar suas botas duas

vezes por mês nos laboratórios credenciados pela UE para se assegurar de que elas estão de acordo com os padrões aprovados. E assim por diante. A abordagem de cima para baixo tenciona que os instrumentos legais, quer na forma de regulamentações, quer de decisões ou diretivas, sejam preparados por um exército atribulado de burocratas dentro da Comissão Europeia, em vez de por representantes eleitos pelo povo. Esses burocratas não sofrem nenhuma penalidade pelos seus erros, são desconhecidos das pessoas, e não podem ser despedidos por aqueles que são afetados por suas decisões. O negócio deles é regulamentar; se algum dia fosse decidido que não se precisa mais de nenhuma regulamentação, não haveria nenhuma utilidade posterior para eles, exceto policiar os editos sobreviventes. Portanto, seguindo a lógica da Lei de Parkinson – tal como confirmada pela teoria da escolha pública da busca de renda[7] – os burocratas da Comissão procuram expandir o alcance e o número de seus produtos, e recrutar o máximo possível de auxiliares em seus esforços de tornar a pilha de documentos ainda maior.

A natureza incessante das regulamentações europeias é fortalecida por dois outros fatores. O primeiro deles é a falta de qualquer limitação constitucional sobre o que pode e o que não pode ser o tema de uma regulamentação. Muitos temas fundamentais para a identidade de culturas locais e nacionais da Europa já foram submetidos à regulamentação central, e a máquina legislativa é tal que um escrutínio pelos Parlamentos nacionais pode ser totalmente ineficaz para impedir que a regulamentação entre em vigor. Um caso típico é a abolição do sistema tradicional britânico de pesos e medidas por meio de um edito emitido em Bruxelas. Costumes fundamentais para as transações diárias, a história e a cultura do povo britânico foram abolidos sem remorso por burocratas que ignoraram todos os protestos, uma

---

[7] James Buchanan, "Rent-seeking, Non-compensated Transfers, and Laws of Succession". *Journal of Law and Economics*, abr. 1983, p. 71-85; *Cost and Choice: An Inquiry in Economic Theory*. Indianapolis, Liberty Fund, 1999.

vez que escutar protestos não faz parte de seu trabalho. A partir de 2010 haverá uma proibição total à comercialização de bens dentro da UE que não utilize o sistema métrico. Essa regulamentação tornará impossível para as empresas britânicas comercializar seus produtos em muitos países de língua inglesa (os EUA, por exemplo), onde as medidas imperiais ainda estão em vigor, exceto se eles forem embalados em dois formatos diferentes – um procedimento inviável por ser caríssimo para muitas pequenas empresas, e uma afronta impertinente aos costumes enraizados na história nacional. De forma semelhante, as medidas de "saúde e segurança" destruíram mercados locais, encheram o ambiente com embalagens plásticas não degradáveis, e impediram os pequenos agricultores da Romênia de vender seus produtos no portão de entrada de suas propriedades, uma vez que as regulamentações da UE insistem na embalagem dos produtos agrícolas. (Essa última regulamentação, se seguida ao pé da letra, significará o fim da agricultura tradicional romena, e a derrota do interior daquele país, ainda bonito, para o agronegócio – um triste desfecho para os agricultores camponeses que foram a espinha dorsal da Romênia durante a ditadura de Ceauşescu, e também o alvo de suas próprias e vingadoras aplicações da falácia do planejamento).

Em todas as suas formas o planejamento apresenta a tendência perigosa de ignorar a forma pela qual, pela lei das consequências não intencionais, a solução de um problema pode ser o início de outro. Em uma legislatura eleita e que precisa prestar contas, com comitês abertos e transparentes e contando com o pleno escrutínio da imprensa, as vozes além das câmaras podem destacar os efeitos colaterais indesejáveis da legislação, e exigir que eles sejam levados em conta. Isso não acontece, porém, quando as regulamentações são impostas por um plano. Dois exemplos de longo alcance ilustrarão o que quero dizer. Desde 1996, a UE emitiu uma série de diretivas sobre a qualidade do ar, limitando o tamanho e a quantidade de partículas de poeira no ar. Essas diretivas, incorporadas ao direito holandês em

2001, exigem concentrações de poeira tão baixas que elas não podem ser logradas em um país densamente povoado como a Holanda, onde de qualquer forma o sal marinho e as nuvens de poeira constituem 55% do conteúdo da poeira atmosférica, e dois terços do restante são soprados do exterior. Ainda assim, a lei foi aplicada fazendo com que um grande número de projetos de construção fosse cancelado, incluindo estradas, parques industriais e projetos habitacionais no centro de Amsterdã, uma vez que os níveis de poeira ambiental ultrapassam aquilo que é permitido para os locais em que as pessoas trabalham ou vivem. Estudos epidemiológicos demonstram que, graças à poeira atmosférica, a "expectativa de vida de alguns milhares de pessoas é reduzida em alguns dias ou em alguns meses". Apesar disso, o comissário para o Meio Ambiente Stavros Dimas insiste em regulamentações ainda mais duras, que entrarão em vigor em 2010 e 2015, argumentando que qualquer atraso para se concluir esses objetivos "significa brincar com a vida das pessoas". O fato de que talvez seja uma brincadeira ainda mais grave com a vida das pessoas deixar de fornecer a habitação necessária para abrigá-las, ou de criar as indústrias que darão emprego a elas, não é uma consideração relevante: pois essas coisas pertencem a um outro departamento, e a essência da regulamentação burocrática é que ela avança de problema em problema e nem precisa, nem é capaz de levar em conta o quadro todo.

O segundo caso diz respeito a uma diretiva europeia emitida em resposta ao pequeno risco de que animais doentes possam entrar na cadeia alimentar humana, e que insiste que todos os abates agora devem ocorrer na presença de um veterinário qualificado, que precisa inspecionar cada animal assim que ele chega ao abatedouro. Não há nenhuma prova de que o exame veterinário nessas circunstâncias seja necessário ou sequer eficaz (nos raros casos em que alguns animais infectados cheguem ao abatedouro). Ainda assim, a diretiva foi emitida e incorporada ao direito britânico, com consequências desastrosas.

As qualificações veterinárias são difíceis de ser obtidas no Reino Unido, e o resultado disso é que os veterinários exigem uma alta remuneração para fazer essas inspeções. Os pequenos abatedouros em todo o país foram, portanto, forçados a fechar suas portas, uma vez que suas margens de lucro eram tão pequenas quanto a dos fazendeiros que eles atendiam. O efeito disso na criação, na vida social e econômica das comunidades do campo, e na viabilidade das pequenas propriedades rurais, foi devastador, tanto quanto o efeito no bem-estar dos animais. Em vez de viajar quinze minutos até o abatedouro local, os rebanhos agora precisam viajar durante três ou quatro horas até algum desses grandes abatedouros que contam com a presença de um veterinário permanente. Os fazendeiros que se orgulhavam de seus animais e cuidavam deles ao longo de dois ou mais invernos ficam desolados em desfazer-se deles nessas condições, e os próprios animais sofrem enormemente. Esse dano no relacionamento entre o fazendeiro e seu rebanho apresenta efeitos negativos adicionais à paisagem. Impossibilitado de assumir plena responsabilidade pela vida e pela morte de seus animais, o fazendeiro deixa de ver qualquer vantagem em seu negócio não rentável. As pequenas propriedades rurais que criaram a paisagem do interior da Inglaterra estão agora desaparecendo rapidamente, para ser substituídas pelo agronegócio impessoal ou pelos centros de esportes equestres, e a UE é em grande medida responsável por esse declínio.

Como se esses custos de longo prazo não fossem suficientemente ruins, os cidadãos britânicos também tiveram que suportar o custo de curto prazo da febre aftosa, que no passado seria geralmente contida na própria localidade onde ela irrompesse. Na sua última ocorrência, a doença foi imediatamente levada para todo o território nacional pelos animais a caminho de algum abatedouro distante. O resultado foi a ruína temporária, porém total, de todas as fazendas de pecuária.

Ocorre que políticos que tivessem sido eleitos pelo voto popular teriam comparado o pequeno risco contemplado por uma diretriz desse tipo com os enormes riscos colocados para a comunidade dos produtores rurais mediante a destruição dos abatedouros locais, os riscos a que os animais ficariam expostos em função das jornadas mais longas, os benefícios da produção localizada de comida e os mercados locais de carne, e assim por diante. E eles teriam tido um motivo para considerar todas essas coisas, ou seja, o seu desejo de ser reeleitos, quando as consequências de suas decisões tivessem sido sentidas pela população. Como seres racionais, eles reconheceriam que os riscos não vêm em partículas atômicas, mas fazem parte de organismos complexos, moldados pelo fluxo dos eventos. E eles saberiam, no fundo de seus corações, que não existe prática mais arriscada que a dos riscos desagregadores, como se fosse possível proibi-los um a um. Mesmo os burocratas, em suas vidas privadas, adotarão a mesma linha. Eles também são seres racionais, e sabem que riscos precisam ser constantemente assumidos e constantemente pesados uns contra os outros. Porém, quando os burocratas legislam para os outros, e não sofrem nenhuma penalidade caso as coisas deem errado, eles irão inevitavelmente se concentrar em um único e específico problema, e irão se agarrar a um único e absoluto princípio a fim de resolvê-lo.

Em face das regulamentações absurdas e intrusivas, é uma resposta normal e compreensível demandar mais "prestação de contas" da parte daqueles que as criam, e daqueles que aumentam a velocidade da jornada rumo a lugar nenhum, que é o refrão de todos os documentos oficiais. E, naturalmente, se pudéssemos garantir a prestação de contas em todos os aspectos do processo europeu, muitas das reclamações justificadas dos povos europeus seriam atendidas. Porém, o que é prestação de contas e quando ela ocorre? Um funcionário é responsável por suas ações oficiais somente se aqueles a quem a sua instituição serve possuem um remédio contra o seu abuso. E é precisamente isso que está faltando às instituições europeias, que foram instituídas com uma velocidade peremptória e sem levar em conta as condições que poderiam gerar sua aceitação popular.

Um exemplo óbvio é fornecido pela própria Comissão. Nenhum contador até agora foi capaz de aprovar as contas injustificadas da Comissão nos últimos doze anos; a evidência de corrupção e negligência generalizada é avassaladora, e o descontentamento popular com esse fato é constantemente registrado pela imprensa. Ainda assim, não há sequela, afora a censura ao contador, ou a perseguição e dispensa daqueles "criadores de caso" que ousaram comentar a respeito da Comissão fora de suas muralhas fortificadas. É verdade que, na esteira de um escândalo assombroso, todos os comissários renunciaram. Porém eles imediatamente se renomearam, uma vez que tanto a renúncia quanto a renomeação eram decisões governadas totalmente por eles mesmos, e o povo não teve nenhum controle sobre elas. Esse episódio, que pode parecer à primeira vista a prova de que os comissários prestam contas de seus atos para a sociedade de alguma forma, é de fato uma prova clara do oposto: ninguém é capaz de controlá-los, exceto eles mesmos. Na raiz da falácia do planejamento existe o problema identificado há dois mil anos pelo poeta romano Juvenal: *Quis custodiet ipsos custodes?*[8]

E aqui vemos por que o chamado "déficit democrático" nas instituições europeias é uma característica interna delas. As instituições foram criadas de tal forma que podem ser influenciadas de baixo para cima, porém controladas somente de cima para baixo. A prestação de contas, porém, significa influência de cima, mas controle de baixo – controle por aqueles cujo interesse é atendido, e que detêm o último remédio da demissão. A verdadeira subsidiariedade significa que aqueles que transferem seus poderes para algum tribunal ou parlamento mais elevado conservam a capacidade de destituir seus funcionários por abuso desses poderes. Essa capacidade está pressuposta na noção moderna de cidadania, que encara os poderes do governo como tendo sido concedidos pelo consentimento dos cidadãos, um

---

[8] "Quem vigia os vigilantes?" (N. T.)

consentimento que pode ser retirado em uma eleição. Esse tipo de controle de baixo (que é o que democracia significa, ou pelo menos deveria significar) não é logrado com facilidade, e foi atingido na Europa somente ao término de um longo e penoso processo de construção nacional. O Estado-nação oferecia a seus membros uma lealdade comum, uma forma de encarar sua união, que tornou o projeto de eleição e demissão de seus representantes inteligível para o cidadão comum. Graças à lealdade nacional, os cidadãos foram capazes de colocar a religião, a família e as redes pessoais dentro do escopo da política, e de unir-se com estranhos em torno de uma causa comum na eleição de seus governantes. Eles foram capazes de adquirir aquele hábito estranho – desconhecido na maior parte do mundo – de considerar as pessoas de quem eles não gostavam intensamente e nas quais jamais votariam como qualificadas para governá-los apesar disso. Ligados por laços de nacionalidade, e confiando no processo político que deu controle definitivo aos cidadãos, os membros dos Estados-nações foram capazes de criar instituições que tornam seus líderes e representantes responsáveis por tudo o que afeta o interesse comum. O Estado-nação é a expressão não planejada e o subproduto de um processo consensual. E é por essa mesma razão que ele é ofensivo àqueles que vivem à custa do plano.

Discorri longamente sobre a União Europeia porque se trata de uma clara ilustração da ideia geral de que – no nível da sociedade – o resultado de um plano abrangente nunca pode ser previsto, e a sua execução a ferro e fogo demanda um tipo de cegueira autoimposta para com a realidade. Porém, qual é a alternativa quando as sociedades entram em períodos de conflito e de catástrofes do tipo que destruiu a paz da Europa? Seguramente, a opinião razoável é a de que devemos buscar uma ordem social baseada em limitações, não em objetivos. Nesse contexto, os pensadores medievais escreveram sobre o "Direito Natural" – os limites que norteiam a vida de todos nós, na medida em que permitimos que a voz da razão assuma um papel em nossas vidas, e estejamos preparados para renunciar aos nossos objetivos em função dela. Grócio tinha a esperança de transformar esse Direito Natural em um sistema de jurisdição internacional, que acabaria com a beligerância fornecendo um padrão universal nos assuntos das nações, permitindo que elas resolvessem suas disputas de forma pacífica. Kant reformulou a ideia em termos de seu "imperativo categórico", que não nos diz o que deveríamos buscar, mas apenas aquilo que deveríamos evitar. De acordo com ele, precisamos agir levando em conta "aquela máxima que podemos desejar como lei universal" – o equivalente de Kant à regra de ouro judaica e cristã do "faz aos outros aquilo que gostaria que fizessem a ti". O imperativo categórico fornece um teste pelo qual nossos princípios e objetivos precisam passar, se formos adotá--los. Ele não determina quais deveriam ser esses princípios e objetivos, porém estabelece as limitações dentro das quais seria razoável buscá--los. Como tal, ele lança as bases da cooperação entre seres livres e racionais, e assegura que, agindo em conjunto, eles não se subordinarão à atitude do "eu" de qualquer pessoa particular ou grupo de pessoas, mas estarão sempre assumindo a forma do "nós". A coexistência pacífica em uma sociedade de estranhos é atingida não por um propósito comum ou um plano arregimentado, mas por limitações laterais, que protegem cada pessoa dos propósitos e planos dos demais. O mesmo é verdade em relação à vida das nações, que coexistem pacificamente enquanto obedecem às limitações do direito internacional. A coexistência pacífica não é, porém, garantida por um propósito comum ou um plano abrangente, e se hoje há paz na Europa, não é por causa do plano, mas sim apesar dele.

Esse ponto foi observado, ainda que em termos bastante diferentes, por Burke quando ele atacou o pensamento subjacente à Revolução Francesa. Os revolucionários, Burke argumentava, eram guiados por uma "doutrina armada", que utilizavam para justificar suas ações destrutivas. Tudo estava subordinado ao plano maior, de estabelecer uma sociedade de "liberdade, igualdade e fraternidade" – objetivos cuja imprecisão servia para esconder a profunda contradição embutida neles. Se as pessoas tiverem liberdade, então elas a usarão de forma a conduzi-las por sua própria vontade rumo à desigualdade. Se as pessoas tiverem que ser iguais, então sua liberdade precisa ser eliminada. No fim das contas, os revolucionários aboliram a liberdade e estabeleceram sobre suas ruínas uma nova forma de desigualdade – entre aqueles que detinham poder político, que eram os senhores, e aqueles desprovidos de poder político, que eram os escravos. Esse resultado foi a consequência inevitável, na opinião de Burke, da ênfase revolucionária na razão – a busca racional de um plano abrangente. Em lugar da razão, assim compreendida, Burke advogava a tradição, pela qual ele queria dizer o tipo de razoabilidade consagrada pelas soluções de longo prazo, que haviam surgido em função de tentativa, erro e consenso ao longo do tempo, e por meio da cooperação livre entre os indivíduos. A "razão" dos revolucionários era a voz de um "eu" coletivo, contra o "nós" da tradição.

A tradição não é parte de um plano de ação, mas surge de um empreendimento de cooperação social ao longo do tempo. E surge da aplicação de limitações morais do tipo consagrado no "Direito Natural" – as limitações dentro das quais a cooperação de estranhos para sua vantagem mútua torna-se possível. Assim como nos mercados, o benefício que essas limitações conferem é em parte epistêmico: elas fornecem um tipo de conhecimento que resistiu ao teste do tempo, ao permitir a resolução de conflitos e o restabelecimento do equilíbrio social em face dos distúrbios locais. Ao seguirmos as regras tradicionais e os costumes, beneficiamo-nos de um conhecimento prático que será especialmente útil quando nos aventurarmos em terreno desconhecido – principalmente o conhecimento de como devemos nos comportar perante os outros, de forma a obter a sua cooperação para avançarmos nos nossos desígnios.

Para dizer de outra forma, a tradição (e o direito comum como uma aplicação fundamental dela) condensa em si os frutos de uma longa história da experiência humana: ela fornece conhecimento que não pode ser contido em uma fórmula nem confinado a uma única cabeça humana, mas que é disseminado ao longo do tempo, na experiência histórica de uma comunidade em evolução. Assim como os preços em um mercado condensam neles mesmos as informações que de outra forma ficariam dispersadas em toda a sociedade contemporânea, da mesma forma as leis condensam as informações que se dissolvem ao longo do passado de uma sociedade. Para expressar o argumento de Burke de uma maneira moderna, de certa forma deslocada de seus próprios períodos majestosos: o conhecimento de que precisamos nas circunstâncias imprevisíveis da vida humana não é derivado da experiência de uma única pessoa nem contido nela, e tampouco pode ser deduzido *a priori* de leis universais. Esse conhecimento nos é concedido pelos costumes, pelas instituições e pelos hábitos de pensamento que foram sendo moldados ao longo de gerações, por meio das tentativas e dos erros das pessoas, muitas das quais pereceram no curso de sua aquisição.

E isso me leva de volta, para concluir, à teoria austríaca do mercado na versão proposta por Hayek. Implícito em Hayek encontra--se o pensamento de que o comércio livre e os costumes duradouros devem ser justificados exatamente nos mesmos termos. Ambos são indispensáveis destilações do conhecimento socialmente necessário, um operando de forma sincrônica, o outro de forma diacrônica, a fim de levar as experiências de muitos outros indefinidamente a uma conexão com as decisões tomadas por mim, aqui, agora. Hayek enfatiza o comércio livre como parte de uma ordem espontânea mais ampla fundada na troca livre de bens, ideias e interesses – o "jogo da catalaxia", como ele a chama. Mas esse jogo é realizado ao longo do tempo, e – para adaptar um pensamento de Burke – os mortos e aqueles que ainda não nasceram também são jogadores, que fazem a sua presença conhecida por meio das tradições, instituições e leis. Aqueles que acreditam que a ordem social demanda limitações no mercado estão corretos. Porém, em uma ordem espontânea, verdadeira, as limitações já estão presentes, na forma de costumes, leis e morais. Se essas coisas boas se enfraquecem, então, de acordo com Hayek, não há maneira de a legislação poder substituí-las. Pois ou elas surgem espontaneamente, ou simplesmente não aparecem, e a imposição de decretos legislativos para a "boa sociedade" destrói o que resta da sabedoria acumulada que torna essa mesma sociedade viável. Não é surpreendente, portanto, que os pensadores conservadores britânicos – notavelmente Hume, Smith, Burke e Oakeshott – tivessem a tendência de ignorar a tensão entre a defesa do mercado livre e uma visão tradicionalista da ordem social. Pois eles depositavam sua fé nos limites espontâneos colocados no mercado pelo consenso moral da comunidade. Talvez esse consenso esteja agora sendo rompido. Porém esse rompimento é parcialmente o resultado da interferência estatal, e é certamente improvável que possa ser remediado por ela. Foi precisamente o sucesso da falácia do planejamento na construção de vastas máquinas de poder e influência, disparando fora de controle rumo ao futuro, que conduziu à erosão do consenso que coloca um "nós" genuíno no centro da política.

Capítulo 7 | A Falácia do Espírito Móvel

Nas páginas anteriores, elogiei Hegel por seu reconhecimento de que a liberdade não é um dom natural, mas um artefato que construímos coletivamente por meio da rede social de que fazemos parte. Porém Hegel concedeu ao mundo – sem de forma alguma ter tido a intenção de fazê-lo – uma forma de pensar que é tão falaciosa quanto aquelas que ele atacou, e que exerceu uma profunda influência nos entusiasmos imprudentes que viraram pelo avesso nosso mundo no século passado. Essa forma de pensar assevera que a história exibe um desenvolvimento contínuo paralelamente e que esse desenvolvimento avança ao desenvolvimento espiritual do indivíduo em direção à plena autoconsciência, e também ao desenvolvimento da sociedade a caminho de sua concretização no estado objetivo e governado pelo direito. Cada período sucessivo da história, de acordo com os hegelianos, exibe um estágio no desenvolvimento espiritual da humanidade – um "espírito da época" particular ou *Zeitgeist*, que é propriedade comum de todos os produtos culturais contemporâneos, e que é inerentemente dinâmico, transformando aquilo que herda e sendo descartado quando chega a sua hora.

A filosofia da história de Hegel foi uma tentativa de tornar inteligível um fenômeno surpreendente, porém misterioso, que é o movimento para frente das sociedades ocidentais, e a emergência gradual do indivíduo livre como o foco e a *raison d'être* do Estado moderno.[1] Muito daquilo que ele escreveu era pura especulação, todavia muito mais eram *insights* verdadeiros e explicações ponderadas. O problema está no conceito de *Zeitgeist,* que em Hegel está conectado com a teoria sutil dos processos temporais e a "objetivação" (*Entäusserung*) do espírito coletivo. Nas mãos de pensadores menos sutis, essa ideia do "espírito da época" acabou vulgarizada e transformada em uma arma retórica com a qual se podia justificar as inovações em todas as esferas e racionalizar um repúdio indiscriminado do passado. Essa concepção está na raiz da filosofia do progresso e apresentou um impacto na vida política e intelectual do mundo moderno bastante fora de proporção em relação a sua plausibilidade. E dá origem a uma falácia interessante, cujos efeitos podem ser constatados em todos os lugares na vida cultural e política das sociedades modernas.

Chamo essa falácia de a "falácia do espírito móvel": a falácia da assimilação de tudo o que está ocorrendo no mundo que você habita, seus próprios projetos incluídos, pelo "espírito da época". Você comete a falácia do espírito móvel toda vez que considera as ações livres dos indivíduos vivos como as consequências necessárias da época em que eles vivem. Essa é uma falácia não apenas porque nega a liberdade humana. É uma falácia por duas outras razões adicionais. Em primeiro lugar, porque aplica um método para tornar inteligível o passado no presente e no futuro. Em segundo lugar, porque aplica uma compreensão do progresso derivada da ciência na generalidade da cultura humana.

A falácia do espírito móvel, em suas formas comuns, traz a marca da história da arte hegeliana. Na esteira da filosofia da história de Hegel e de suas palestras póstumas sobre estética surgiu um movimento influente nas universidades de fala alemã devotado à periodização da

---

[1] Hegel, *Lectures on the Philosophy of World History.* Trad. H. B. Nisbet. Cambridge, Cambridge University Press, 1980.

cultura ocidental. Grandes pensadores como Jakob Burckhardt e seu discípulo Heinrich Wölfflin tentaram entender a civilização europeia em termos de movimentos sucessivos no mundo das ideias, cada um dos quais impondo certa unidade de perspectiva e inspiração sobre a arte e a literatura de seu tempo. Foi assim que Wölfflin tentou explicar a arte e a arquitetura da Europa do século XVII, que viu uma rápida transformação da gramática clássica e das formas sólidas ligadas à terra da Renascença nas igrejas de Borromini, que eram dançantes e inspiradas pelos céus, nas esculturas gesticuladoras de Bernini e nos quadros escuros e dramáticos de Rubens e Caravaggio. Pareceu a Wölfflin que a mesma transição das formas cívicas aos dramas pessoais podia ser detectada na pintura, na escultura e na arquitetura de meados do século XVII, e que ela podia ser detectada não apenas na Itália, mas também na França e na Alemanha. Da mesma forma que Burckhardt havia justificado a ideia da Renascença mostrando como ela se exibia em todas as artes e ciências da Itália do século XV, Wölfflin também propôs justificar a ideia do Barroco fazendo uma síntese similar de todas as esferas relevantes da expressão cultural.[2]

Assim foi inventada a categoria do Barroco, que – apesar de toda a sua amplitude e generalidade – serviu o propósito valioso de permitir que nós, que assistimos a tudo isso de uma posição vantajosa, conhecendo tanto o que veio depois quanto o que veio antes, compreendêssemos seu sentido como um todo. Wölfflin associou o Barroco à Contrarreforma na religião, e aos grandes conflitos políticos e religiosos que estavam fragmentando a Europa contemporânea. E nisso ele foi conscientemente influenciado pela filosofia de Hegel, acreditando que a civilização avança de período em período em sua totalidade,

---

[2] Jakob Burckhardt, *The Civilization of the Renaissance in Italy*, 1860; Heinrich Wölfflin, *Renaissance and Baroque*, 1888. [Em edição brasileira: Jakob Burckhardt, *A Cultura do Renascimento na Itália*. Trad. Sérgio Tellaroli. São Paulo, Companhia das Letras, 2009; Heinrich Wölfflin, *Renascença e Barroco*. Trad. Mary Amazonas Leite de Barros. São Paulo, Perspectiva, 2012. (N. E.)]

como um organismo avança de um estágio de desenvolvimento para o próximo em seu ciclo de vida. Esse método de periodização foi tão influente que o termo "Barroco" agora é aplicado a tudo que aconteceu no mundo da cultura europeia durante o século XVII e início do XVIII, de modo que, por exemplo, Milton é descrito como um poeta barroco. De fato, a categoria do Barroco tornou-se estabelecida na musicologia como um rótulo conveniente com o qual podemos juntar Vivaldi, Bach e Couperin, como sucessores da polifonia da Renascença e precursores do "estilo clássico" – um estilo que foi também, por um período, chamado de Rococó, com o entendimento de que na música, bem como na arquitetura, o Rococó sucedeu o Barroco com a lógica inexorável pela qual um *Zeitgeist* coletivo sucede outro.

Está muito claro que essa forma de pensar sobre a arte e a cultura é tanto útil, ao enfatizar as conexões e unidades entre as formas de arte, quanto pródiga de conexões forçadas. Fica claro também que é essencialmente uma forma de pensamento retrospectivo. Ela depende de um ponto de observação vantajoso a partir do qual a paisagem do passado pode ser vista como moldada por altitudes, vales e fronteiras, cujas sombras e continuidades são visíveis apenas a uma distância suficiente. Ela envolve ordenar as aparências diversas e frequentemente conflitantes de acordo com interesses vigentes que teriam sido incompreensíveis para pessoas daquela época distante; e ela pressupõe uma perspectiva histórica de longo prazo que só está disponível para aqueles que se identificam como "posteriores" à coisa que estão estudando. Supor que você pode observar sua própria época sob essas mesmas lentes, que você pode explorar "aquilo que o *Zeitgeist* de agora demanda" e até mesmo projetar essa exploração para adiante rumo a um futuro impossível de ser conhecido *a priori*, é cometer uma falácia perigosa – perigosa porque envolve a limitação da sua liberdade e a visão daquilo que é totalmente acidental sob o aspecto da necessidade.

Colocando a questão de uma forma um pouquinho diferente, esse tipo de periodização, familiar na história da arte, não é o primeiro passo rumo a uma teoria científica. Ela não busca produzir "leis de movimento" universais às quais todas as culturas humanas devem se moldar – mesmo que Hegel acreditasse que essas leis pudessem ser descobertas. Trata-se de um exercício naquilo que o filósofo kantiano Wilhelm Dilthey chamava de *Verstehen*, e que podemos chamar de "compreensão humana", o tipo de compreensão que dirigimos um ao outro por meio de um diálogo racional. É um tipo de compreensão que respeita a liberdade de seu interlocutor. Contudo, uma vez que é dirigida para o passado, e de forma a tornar inteligível seu caráter *histórico*, suas conclusões apresentam um ar de inelutabilidade. Afinal das contas, o passado já era e está terminado; não pode ser mudado. E ao avançarmos rapidamente rumo ao presente, embora ainda mantendo nossas lentes de historiador fixadas às nossas vistas, somos levados a pensar exatamente a mesma coisa a respeito do *agora* – que tudo que fazemos, o fazemos inelutavelmente, em obediência ao espírito móvel que nos acompanha o tempo todo.

A falácia é agravada pelo mito do "progresso". Na esfera do avanço científico é inegável que há progresso: ou seja, cada geração constrói sobre o conhecimento adquirido pela sua predecessora, e um por um os segredos do universo vão sendo descobertos e explorados. Naturalmente, não há razão por que esse processo deva continuar indefinidamente, e é bem concebível que um dia as instituições educacionais declinem a tal ponto que os resultados acumulados da investigação científica não sejam mais transmitidos. Porém, excetuando essa possibilidade, é da própria natureza do processo que a ciência progrida, e que esse progresso se traduza em feitos tecnológicos que por sua vez influenciam a condição social e as expectativas das pessoas.

Por outro lado, é claramente falacioso crer que esse tipo de progresso seja exibido nas esferas onde não haja uma acumulação subjacente de conhecimento sobre o qual construir. É inerentemente questionável crer, por exemplo, que haja um progresso *moral* contínuo, avançando com a mesma velocidade da ciência; é ainda mais questionável acreditar que exista um progresso artístico ou espiritual marchando junto com ele. Virtualmente nenhum poeta desde Homero conseguiu ultrapassá-lo, e nas artes, no pensamento religioso e na especulação filosófica, é mais provável que encontremos um declínio de uma geração para a outra do que um aperfeiçoamento. Mesmo que haja a espécie de conhecimento contido na alta cultura, não é conhecimento do tipo que se acumula de uma forma ordeira ou linear. É uma questão de sabedoria, não de especialidade, de um vislumbre imaginativo da condição humana em vez de uma busca por teorias através das quais possamos explicá-la.

Há, porém, um lugar onde a crença no progresso vaza para um território que ela envenena, e esse território chama-se política. As instituições políticas, jurídicas e administrativas estão constantemente mudando em resposta aos interesses e argumentos daqueles que estão sujeitos a elas. E em certos locais e épocas a mudança pareceu ser progressiva – avançando a causa da emancipação passo a passo, enquanto os poderes monárquicos e eclesiásticos estavam sendo resolutamente forçados a bater em retirada diante da maré da soberania popular. Essa é uma história contada de muitas maneiras, e não é meu propósito neste livro fazê-lo, mas somente observar que, enquanto existem muitos aspectos da ordem política que admitem mudança progressiva, nem toda mudança é positiva, e nenhuma delas ocorre sem uma administração complexa e um equilíbrio de interesses conflitantes. A emancipação política do sujeito comum, e a transição de sujeito a cidadão, certamente ocorreu na América do século XVIII. Ela foi anunciada pela Revolução Francesa, mas também esmagada por ela. E o progresso ocorrido em todos os lugares no século XIX chegou a um fim abrupto na Rússia em 1917, na Alemanha vinte anos mais tarde e, na Europa Oriental, após a Segunda Guerra Mundial. Em nenhum momento poder-se-ia dizer que esse processo de emancipação era *inevitável*, que foi conduzido pelas mudanças inexoráveis do *Zeitgeist*, ou que tivesse o tipo de lógica dialética – a lógica das perguntas e respostas sucessivas – que um hegeliano detectaria nele. Existem aqueles como Francis Fukuyama que veem um avanço contínuo, desde o Iluminismo, das relações de poder e subordinação até uma igualdade final de respeito, que marcará "o fim da história".[3] Porém, a tese só parece plausível se nos concentrarmos em uma gama estreita de exemplos, e só se ignorarmos as muitas formas pelas quais essa igualdade de respeito foi lograda ao tornar o respeito inteiramente obsoleto.

Vamos dizer pelo menos que o progresso na esfera política é tanto incerto quanto disputado. As mudanças ocorrem – algumas vezes do pior para o melhor, outras vezes do melhor para o pior. Mas é apenas em retrospecto, sob a luz lançada pela história cultural e social, que podemos falar de um *Zeitgeist* que envolveu somente *isso* ou *aquilo* por meio da mudança ou do desenvolvimento. A certa altura, porém, em algum momento em meados do século XIX, quando a ideia do progresso havia sido encastelada na política, e quando as descobertas científicas estavam derrubando crenças estabelecidas e aumentando vastamente a competência humana, as pessoas passaram a alimentar a ideia de que havíamos entrado em uma nova era – a era da modernidade. Esse foi o momento em que a falácia do espírito móvel começou a proliferar. Em todas as esferas se acreditava que deveríamos ser fiéis ao espírito da época, que nos agarrarmos a velhos costumes, velhos valores, velhas práticas, seja na política, seja nas relações sociais ou na expressão artística, era simplesmente "reacionário", uma falha na compreensão das leis do desenvolvimento histórico e um repúdio à "nova aurora" que estava surgindo bem diante de nossos olhos. Essa era a mensagem transmitida nas esferas moral e política pelos utilitários britânicos, os positivistas e sansimonianos franceses, e os jovens hegelianos na Alemanha. Poder-se-ia dizer com justiça que

---

[3] Francis Fukuyama, *The End of History and the Last Man*. Harmondsworth, Penguin, 1992. [Em edição brasileira: Francis Fukuyama, *O Fim da História e o Último Homem*. Rio de Janeiro, Rocco, 1992. (N. E.)]

a crença em um espírito móvel, pelo qual a humanidade estava sendo impulsionada adiante rumo a um conhecimento, uma competência e um domínio sobre a natureza cada vez maiores, tornou-se, durante o século XIX, uma superstição reinante, e que teve um efeito particularmente devastador na Rússia, como Dostoiévski e outros observaram. E a superstição sobreviveu até nossos dias, nas panaceias dos utópicos, na retórica imprudente dos globalizantes e no futurismo inescrupuloso dos transumanistas.

A falácia aqui, de assumir uma visão retrospectiva de alguma coisa que ainda não aconteceu, tornou-se uma parte integral do pensamento progressista não apenas na política, mas também nas artes. O resultado é um paradoxo – uma crença em forças históricas que nos libertam, mas através de leis que nos aprisionam. Esse paradoxo é familiar desde Lênin e Mao, que constantemente nos exortam a fazer livremente aquilo que eles acreditam que iremos fazer de qualquer maneira. Igualmente familiar é a destruição que resulta quando as pessoas se imaginam desculpadas pelas "leis do movimento" histórico, que elas não podem fazer nada para evitar. Mais interessante para nós hoje, porém, é o efeito dessa falácia no exercício da arte e da arquitetura.

Por mais de um século tem sido uma ortodoxia que as obras de arte e arquitetura devem apresentar uma abordagem nova: não apenas original, mas também de alguma forma desafiadora, até mesmo chocante, na quebra das expectativas daqueles que passam por elas. É desnecessário mencionar que os críticos estavam errados ao ignorar Manet, e igualmente errados ao desprezar a arte abstrata. Porém, aqueles episódios deveriam ser vistos como anomalias. Em sua maioria, as obras de arte novas e originais recebem a justa apreciação do público crítico – pensemos nas multidões que compareceram ao funeral de Beethoven, ou na recepção a T. S. Eliot, Henry Moore e Picasso. Não é de forma alguma normal para um artista adquirir sucesso ao chocar, ultrajar ou desafiar o seu público. A originalidade não foi concebida, nas eras passadas, como uma derrubada radical de todas as convenções prévias, nem como uma abordagem completamente nova e uma transgressão das normas estéticas. Michelangelo, no interior da Biblioteca Laurenciana em Florença, desafia a sintaxe da arquitetura clássica – mas de um modo que era interessante e inteligível para aqueles acostumados com o estilo de Brunelleschi, ao mesmo tempo em que utilizava o vocabulário clássico e as proporções em seu material bruto. O resultado foi surpreendente para seus contemporâneos, mas imediatamente popular. Mozart, em contraste, adotou em seus quartetos de corda a linguagem aperfeiçoada por Haydn, e praticamente não saiu disso. Ainda assim, como o próprio Haydn reconheceu, eles estão entre os trabalhos de música mais originais jamais compostos.

Todavia, tornou-se um lugar-comum defender qualquer nova abordagem no mundo da arte, da música e da arquitetura, por mais vazia ou ofensiva que seja, com uma referência desenxabida à "resistência" que os grandes artistas supostamente sofrem em todas as épocas. As colagens vazias de Gilbert e George, a cama desfeita de Tracey Emin, os tubarões em formol de Damien Hirst são todos louvados como experimentos originais que merecem os mais altos elogios. Nenhum crítico ousaria sugerir que eles podem ser tão sem sentido quanto parecem, com receio de ser comparado àqueles que excluíram Manet do *Salon*, ou que debocharam da *Sagração da Primavera*. Todos nós estamos familiarizados com a retórica aqui, e a facilidade com que gestos ofensivos são considerados ideias originais, a fim de se adequarem às formas padronizadas do elogio estético.

Por trás de tudo isso, parece-me, há a falácia do espírito móvel. Ela nos diz que a tentativa de aderir a padrões e regras estabelecidos pelas gerações prévias é essencialmente reacionária, um exercício de "nostalgia" ou de "pastiche". Não há como voltar atrás; uma vez que é impossível *pertencer* a outra época, apenas podemos imitá-la de uma forma que será inevitavelmente abjeta, não autêntica e insincera.

O *Zeitgeist* que nos governa é o que está agindo *agora*. A arte verdadeira tem que ser fiel ao *Zeitgeist*; e, se ela choca, isso ocorre apenas porque o futuro irá chocar aqueles que não estão preparados para a sua chegada, e que não reconhecem a sua necessidade. O paradoxo, de que a liberdade e a transgressão do artista verdadeiramente moderno são os produtos de uma lei inevitável, é abraçado resolutamente pela ortodoxia. Os artistas verdadeiramente modernos pertencem a sua época, e é essa época que dita o que eles devem fazer.

A partir dessa forma falaciosa de pensar muita arte trivial surgiu. Mas também uma grande arte, que sempre transcende as ortodoxias críticas usadas para justificá-la, de modo a se estabelecer com uma autoridade que está acima da teoria e acima da apologética. A falácia do *Zeitgeist* foi usada para justificar a música de Berg, Webern e Schoenberg, e a falácia da justificativa de forma alguma vai contra a validade da causa. O que é objetável é a utilização da falácia na maneira de Adorno, de criar uma ortodoxia crítica que impede todos os experimentos, exceto aqueles permitidos pelo espírito reinante, que, portanto, deixam de ser experimentos e tornam-se a voz ineutável da história.[4] Essa ortodoxia torna a crítica verdadeira redundante. Além disso, ela dá margem ao surgimento de um substituto pernicioso para a crítica. Se um trabalho é difícil, ultrajante, chocante ou sacrílego, então deve ser elogiado; se ele é norteado pelas velhas regras e decências, então deve ser descartado. Essa regra simples faz com que seja fácil para os críticos exercer sua profissão, e cometer erros, se é que eles cometem, somente por estar demasiadamente do lado do futuro. Ela torna a arte e a composição fáceis, e permite que enganadores incompetentes ignorem as belezas duramente conquistadas de seus contemporâneos, rotulando-as de mero pastiche – da mesma forma

---

[4] Ver Theodor W. Adorno, *The Philosophy of Modern Music*. Trad. Anne G. Mitchell e Wesley V. Blomster. London, Continuum, 2003 (publicado pela primeira vez em 1948). [Em edição brasileira: Theodor W. Adorno, Filosofia da Nova Música. Trad. Magda França. 3. ed. São Paulo, Perspectiva, 2014. (N. E.)]

como Adorno descartou Sibelius, Vaughan Williams e, no final, até mesmo Stravinsky, como fornecedores de "fetiche" musical.

Uma dose de pessimismo nos lembra que não é fácil nos depararmos com arte de alta qualidade, que não há fórmula para produzi-la e que a criatividade só faz sentido se junto com ela existirem regras que a delimitem. E essas regras não são nem arbitrárias nem inventadas. Como a sintaxe da harmonia tonal, elas evoluíram ao longo dos séculos através do diálogo entre o artista e o público. Elas são o subproduto do gosto, os resíduos da comunicação bem-sucedida, e segui-las significa adquirir acesso a uma tradição contínua de satisfação. As regras podem ser quebradas, mas primeiro precisam ser internalizadas. Respeitamos a quebra dessas regras por Schoenberg em *Pierrot Lunaire*, em parte porque estavam sendo quebradas pelo compositor de *Gurrelieder* e *Verklärte Nacht*. Não respeitamos a quebra aleatória das regras por alguém como, por exemplo, Tracey Emin, que parece nunca as ter dominado.

Quanto à falácia do espírito móvel, ela deve o apelo a sua vacuidade: pode ser utilizada para justificar qualquer coisa, para passar por cima de toda a crítica, independentemente do quão bem formulada ela tenha sido, e saudar com aplausos vazios quaisquer atos burlescos de desafio que possam se apresentar como novidade. Ela confere aos gestos mais arbitrários uma aura especiosa de necessidade, e dessa forma neutraliza a crítica antes mesmo de ter sido emitida. E ela prejudica tanto a causa da tradição (contra a qual está sendo brandida) quanto a causa do talento individual (que alega desenvolver). De Schoenberg e Eliot até Messiaen e Matisse, os grandes modernistas não tiveram tempo para uma concepção que torna a arte moderna fácil e negligencia a característica importante sem a qual a originalidade passa a ser imperceptível, que é a tentativa de estabelecer uma continuidade real em relação aos mestres do passado. Os modernistas iniciais, embora tenham sido infectados, em alguma medida, pela falácia do *Zeitgeist*, achavam contudo que sua liberdade tinha que ser *justificada*, e que ela só poderia ser justificada desde que *pertencesse* ao passado, e não o ignorando ou desafiando. A verdadeira história do artista moderno é a história contada pelos próprios grandes modernistas. É a história contada por T. S. Eliot em seus ensaios e em *Quatro Quartetos*, por Ezra Pound nos *Cantos*, por Schoenberg em seus textos críticos e em *Moisés e Aarão*, por Rilke em *Os Sonetos a Orfeu* e por Valéry em *O Cemitério Marinho*. E ela encara o objetivo do artista moderno não como um rompimento com a tradição, mas sim como a sua recaptura, em circunstâncias para as quais o legado artístico apresentou pouca ou nenhuma provisão. Essa história não vê o passado que compõe o momento presente, mas sua realidade presente, como *o lugar que conquistamos*, e cuja natureza tem que ser compreendida em termos de um *continuum*. Se, nas circunstâncias modernas, as formas e os estilos da arte precisam ser refeitos, isso não decorre da necessidade de repudiar a velha tradição, mas sim de restaurá-la. O esforço do artista moderno é o de expressar realidades que não foram enfrentadas antes e que são especialmente difíceis de captar. Porém, isso não pode ser realizado exceto fazendo com que o capital espiritual de nossa cultura manifeste-se sobre o momento presente e o mostre como ele verdadeiramente é. Para Eliot e seus colegas, portanto, não poderia haver uma arte moderna verdadeira que não fosse ao mesmo tempo uma busca pela ortodoxia: uma tentativa de capturar a natureza da experiência moderna ao compará-la com as certezas de uma tradição real.

A ilustração mais pungente da falácia do espírito móvel é aquela apresentada pela arquitetura moderna e seus apologistas. Por "arquitetura moderna" não estou me referindo às obras-primas que, desde Frank Lloyd Wright a Louis Kahn, conquistaram seu lugar entre os ícones de nossos tempos. Refiro-me ao vernáculo moderno, composto de paredes de cortinas ou lajes horizontais, sem moldes, sombras ou ornamentos, sem fachadas articuladas, postados como adversários familiares em nossas ruas, cidades e no interior – aquele estilo conhecido, do tipo "caixa de sapato", que podemos encontrar nas periferias e cada vez mais no centro de nossas cidades. Os apologistas desse tipo de modernismo diário dominam nossas escolas de arquitetura. Eles rejeitam os ordenamentos clássicos, colunas, arquitraves e molduras. Eles rejeitam os revivalismos grego e gótico. Rejeitam igualmente a rua como o espaço público primário e a fachada como o aspecto público de uma edificação. Eles rejeitam todas as regras, escritas ou não, que tenham no passado moldado o tecido urbano. Eles rejeitam essas coisas como resíduos de uma "outra época", que só pode ser imitada agora em uma condição de "inautenticidade", e somente incluindo-se naquilo que os modernistas chamam de "pastiche". A história decretou um fim a todas essas coisas; uma nova aurora surgiu, e com ela uma nova arquitetura, com materiais e métodos que pertencem ao espírito de nossa época.

Os grandes teóricos do modernismo – Le Corbusier, os construtivistas russos, Walter Gropius e Hannes Meyer – alegavam ser pensadores da arquitetura seguindo a tradição de Vitrúvio e de Palladio. Porém, a pobreza do que eles declararam sobre arquitetura (comparado com aquilo que fora dito pelos avivalistas – por exemplo, por Alberti, em seu *Da Arte de Construir*, por Ruskin, em *As Pedras de Veneza* e *As Sete Lâmpadas da Arquitetura*, e por Viollet-le-Duc em seus dois volumes de palestras) demonstra que essa alegação é uma fraude. Os pioneiros modernistas eram ativistas sociais e políticos, que desejavam espremer o material humano desordenado que constitui uma cidade em uma camisa de força utópica. A arquitetura para eles fazia parte de um plano novo totalmente abrangente. O projeto de Le Corbusier de demolir toda a parte de Paris ao norte do rio Sena e substituí-la por torres de arranha-céus de vidro supostamente deveria ser uma emancipação, uma libertação das velhas limitações da vida urbana. Aquelas ruas e becos sujos e promíscuos deveriam ser substituídos por grama e árvores – espaços abertos onde o novo tipo humano, libertado da garrafa de vidro higiênica onde ele era abrigado à noite, poderia caminhar sob o sol e ficar sozinho consigo mesmo.

O fato é, porém, que Le Corbusier jamais se questionou se as pessoas gostariam de viver nessa utopia, e tampouco se preocupou em saber que método seria utilizado para transportá-las para lá. A história (tal como compreendida pelo projeto modernista) demandava que eles estivessem lá, e isso era o que importava.

Essa forma de pensar exibe muitas das falácias já discutidas nesta obra. A falácia da melhor das hipóteses exerceu um impacto particularmente poderoso no pensamento arquitetônico desde os primeiros dias da Bauhaus, cujos adeptos demonstraram uma recusa notável em encarar a pior coisa que poderia ocorrer com os seus estupendos projetos de habitação. A sabedoria acumulada de construtores e planejadores ao longo dos séculos foi posta de lado puramente com base na força de uma visão da "melhor das hipóteses" a respeito das novas formas de viver. Luz, ar e vegetação iriam substituir a rua sombria e o beco malcheiroso. Já quanto a escuridão, intimidade, vida citadina e seus limiares, ninguém se preocupou em consultar os meros seres humanos, que haviam demonstrado, ao longo de muitas gerações, o seu amor e apego por essas coisas.

Não foram apenas a Europa e a América que sofreram os efeitos da marcha implacável dos arquitetos modernistas. Quando Mohamed Atta conduziu o voo 11 da American Airlines rumo à torre norte do World Trade Center no dia 11 de setembro de 2001, certamente ele estava expressando seu ressentimento com relação a tudo que aquele prédio simbolizava: o triunfo do materialismo secular, o sucesso e a prosperidade da América, a tirania das altas finanças e o húbris da cidade moderna. Porém ele estava também expressando um rancor de muitos anos contra o modernismo arquitetônico, que ele já havia expressado na sua dissertação de mestrado na Faculdade de Arquitetura da Universidade de Hamburgo. O tema daquela dissertação foi a velha cidade de Aleppo, danificada pelo presidente sírio Hafez al-Assad na sua guerra impiedosa de extermínio contra a Irmandade Muçulmana, porém danificada muito mais pelos feios arranha-céus pré-construídos que neutralizam as linhas das velhas ruas, e sobem muito acima dos finos dedos implorantes das mesquitas. Esse lixo modernista era, para Atta, um símbolo da impiedade do mundo moderno, e de seu brutal desrespeito à cidade muçulmana.

As velhas cidades do Oriente Médio, registradas nos encantadores desenhos e aquarelas de Edward Lear, eram locais onde comunidades coesas aconchegavam-se à sombra das mesquitas, e os minaretes como que perfuravam os céus em uma atitude de eterna prece. Elas eram locais de trabalho piedoso, e seus românticos becos, pátios e bazares – o pano de fundo familiar dos contos árabes desde *As Mil e Uma Noites* até os romances de Naguib Mahfouz – desfrutam de um lugar irremovível nos anseios dos muçulmanos, especialmente daqueles que, tal como Atta, se encontram desgarrados entre estranhos no lixo de concreto de uma moderna cidade ocidental.

Aquelas velhas cidades do Oriente Médio são muito diferentes hoje, com as mesquitas espremidas pateticamente entre gigantescos arranha-céus, blocos de apartamento mal construídos espremendo os velhos pátios, e os becos cortados pelas autoestradas. E, embora as causas desse desastre social e estético sejam múltiplas, o excesso populacional sendo uma delas, é inegável que o modernismo arquitetônico deve ser parcialmente responsabilizado por esse estado de coisas. Pois ele se alimenta diretamente desse desejo de "avançar junto com a época", que é a única alternativa na mente do burocrata do Oriente Médio em oposição àquela submissão introspectiva que vinha sendo a norma até agora. Foi o plano insano de Le Corbusier para Argel que sugeriu pela primeira vez que as velhas cidades muçulmanas poderiam ser completamente redesenhadas em total desrespeito para com as necessidades sociais e espirituais de seus residentes, de modo a poder ingressar por fim no mundo moderno. Apesar de apenas uma seção do plano ter sido executada, o plano em si é estudado assiduamente nas faculdades de arquitetura como uma das grandes "soluções" para um problema que antes de Le Corbusier nunca havia existido – o "problema" de empacotar as pessoas em uma cidade enquanto se permite o movimento livre ao longo dela, de forma a criar uma cidade que seria um símbolo da nova era do automóvel. A solução de Le Corbusier foi a de construir autoestradas no ar, com as pessoas espremidas nos blocos de apartamento embaixo delas. As velhas casas e ruas de escoamento deveriam ser demolidas, e enormes blocos de torres deveriam ser construídos de frente para o oceano, apequenando as mesquitas e as igrejas. Os planos sofreram oposição do prefeito eleito da cidade, o que levou Le Corbusier a se aproximar do governador nomeado do *Département*, solicitando a ele que ignorasse o prefeito. "O plano precisa ser implantado", ele escreveu. "É o plano que está certo. Ele proclama realidades indubitáveis." E quando comandou a comissão para a construção nacional do governo de Vichy em 1941, Le Corbusier insistiu em colocar seus planos para Argel no topo da agenda.[5]

A natureza congestionada de uma cidade muçulmana é o subproduto natural de um modo de vida. Pátios e becos exprimem a própria alma dessa comunidade – uma comunidade que interrompe seus afazeres para rezar cinco vezes por dia, que se define pela obediência e pela submissão, e que se retira para o seio familiar sempre que as coisas ficam complicadas. Autoestradas e blocos de arranha-céus são precisamente as coisas que matam a cidade muçulmana e enviam suas crianças para o exterior, levando pessoas como Atta a querer se vingar das atitudes modernistas que os desenraizaram. Ainda assim, o *Zeitgeist* demandava que tais cidades fossem destruídas, e contra isso eles não tinham defesa. E nem mesmo os países muçulmanos eram inocentes em relação à falácia do espírito móvel. Ao contrário, a coisa mais deprimente a respeito deles tem sido sua pressa em adotar os símbolos da modernidade, e em definir a modernidade em termos das

---

[5] A história é contada por John Silber, *Architecture of the Absurd*. New York, Quantuck Lane Press, 2007.

mudanças que transformaram as cidades americanas em desertos inabitáveis. Não foi uma avaliação racional das necessidades energéticas do Egito que levou à construção da represa de Assuã e à inundação de uma linda área rica em antiguidades. Foi a mesma superstição historicista que havia levado à rejeição de Pevsner ao gótico vitoriano, à raiva de Le Corbusier contra a velha Argel, e à construção em Londres do absurdo Domo do Milênio. De fato, se estivermos buscando uma explicação sobre o islamismo, esse é o local apropriado para começar, na adoção oficial pelos novos burocratas de uma falácia que nega legitimidade a uma fé e a um modo de vida que são intrinsecamente retrógrados. O Islã, propriamente concebido, não aceita que possamos avançar com os tempos ou que exista essa coisa chamada "tempos" com a qual podemos "avançar". Inscrito em todos os lugares sobre a face do mundo islâmico há um conflito doloroso entre as burocracias modernistas moldadas pela falácia do espírito móvel, e as comunidades para as quais o espírito governante é eterno, inamovível, onisciente e fora do escopo do tempo e da mudança. E quando os muçulmanos tornam-se islamitas, é em parte porque adotaram a falácia de seus oponentes burocráticos, de modo a perceber o mundo e sua história como uma manifestação de um espírito móvel rival.

Os prédios clássicos e góticos falam de outra era, em que a fé, a honra e a autoridade despontavam orgulhosamente e sem autoironias nas ruas. Para os modernistas, seus estilos e materiais não podiam mais ser utilizados com sinceridade, uma vez que ninguém acreditava naqueles velhos ideais. A era moderna foi uma era sem heróis, sem fé, sem um tributo público a qualquer coisa mais elevada ou mais dignificada do que o homem comum. Ela precisava de uma arquitetura que refletisse sua visão moral, de uma sociedade sem classes, na qual todas as hierarquias tivessem desaparecido; uma sociedade que não tivesse valores absolutos, mas somente valores relativos. Daí por que ela necessitava de uma arquitetura sem ornamento e sem nenhuma outra pretensão a uma grandeza que estivesse além do alcance dos seres mortais uma arquitetura que usasse os materiais modernos para criar um mundo moderno. As palavras-chave dessa nova arquitetura eram "honestidade" e "função". Ao serem "honestas", estava implícito, as edificações poderiam *nos* ajudar a vir a ser assim. A nova cidade de vidro, concreto e parques seria uma cidade sem nenhuma pretensão social, onde as pessoas viveriam em uma uniformidade exemplar e seriam recompensadas com um respeito igual. É a cidade que o *Zeitgeist* exige.

Paradoxalmente, porém, o arquiteto que deveria criar a nova cidade anti-heroica tornou-se ele próprio o herói. Junto com os modernistas surgiu uma visão do arquiteto como um Titã, manipulando vastas estruturas e espaços ampliados. O arquiteto substituiria o pequeno ordenamento da rua e dos becos – a ordem da mão invisível – por uma nova ordem planejada e abrangente, um monumento à mão visível que a estava criando. Essa visão do arquiteto já está contida na peça *Solness, o Construtor*, de Ibsen, e foi popularizada pela romancista e filósofa Ayn Rand, em seu surpreendente livro *A Revolta de Atlas*. A cidade modernista começou como uma cidade sem monumentos, e ela própria tornou-se um monumento – um monumento a seu arquiteto. E nenhum leitor de Le Corbusier consegue deixar de notar as marcas dessa concepção egomaníaca em tudo que ele escreveu. Essa mesma egomania é visível nas formas e escalas adotadas pelos arquitetos "estrelas", tais como Richard Rogers e Norman Foster, que foram deixados à solta em nossas cidades. E essa é a razão principal por que muitas pessoas evitam as suas construções: lá, diante de nós, encontra-se a atitude do "eu" bradando triunfantemente em meio a um "nós" mutilado.

Uma das características mais notáveis do movimento moderno na arquitetura foi o veneno com o qual ele cavou um espaço para si próprio. Aqueles que se opunham a ele eram considerados inimigos, reacionários, nostálgicos, que estavam impedindo a marcha necessária da história. Eles deveriam ser removidos o quanto antes de suas posições de influência e poder. Quando o historiador da arte alemão Nikolaus

Pevsner e o arquiteto construtivista russo Berthold Lubetkin levaram a cruzada para Londres, eles iniciaram suas atividades como legisladores, condenando tudo que não tivesse sido concebido como um rompimento radical com o passado. Ambos estavam viajando como refugiados da variedade política do modernismo – nazismo, no caso de Pevsner, e comunismo, no caso de Lubetkin. Mas eles trouxeram com eles as atitudes de censura dos regimes dos quais eles haviam fugido. Nada era mais repugnante a seus olhos do que o encantamento aparente de uma escola neoclássica ou de um banco gótico vitoriano. Para Pevsner, os grandes tribunais em estilo gótico da Arthur Street, que são a obra central do quarteirão jurídico de Londres e um símbolo apropriado da justiça do direito comum e de seu trabalho diário de reconciliação, eram prédios medíocres sem nenhuma importância, cujos pináculos de contos de fada e colunas de mármore não eram nem edificantes nem alegres, mas tão somente pretensiosos. Em contraste, a estação do metrô de Arnos Grove, com sua construção de tijolos à vista e suas sombrias janelas de moldura metálica, era um símbolo portentoso de um mundo futuro e melhor, em que a vida moderna seria retratada honestamente e aceita abertamente.

Em face desse ataque ideológico, conduzido com todo o aparato da erudição alemã, e com a confiança hipnotizante no futuro e no novo homem que surgiria nele, as pessoas perderam o contato com o seu pessimismo salvador. E, ao fazê-lo, negligenciaram o exame dos motivos dos modernistas e de seus defensores. Eles esqueceram-se de que há uma vasta quantia de dinheiro a ganhar com a demolição das velhas ruas e a construção de blocos de torres em seu lugar, e que esse dinheiro não havia sido ganho pelos arquitetos no passado pela mesma razão pela qual as mulheres não haviam enriquecido com a prostituição, ou os negociantes comuns com o contrabando – ou seja, porque a cultura e a moralidade os impediam de fazê-lo. Existe um interesse poderoso disfarçado por trás da visão de que os padrões estéticos sempre precisam estar em mutação em obediência ao *Zeitgeist*.

Subtraiam-se os fazedores de lucro e os vândalos, porém, e pergunte-se às pessoas comuns como suas próprias cidades deveriam ser projetadas – não para o seu próprio benefício, mas para o bem comum – e um nível surpreendente de anuência será atingido, como tem sido exemplificado ao longo do tempo. As pessoas concordaram, por exemplo, com relação à escala: nada demasiado grande para os bairros residenciais, nada demasiado amplo ou alto ou dominante para as áreas públicas. Eles concordaram quanto à necessidade das ruas, e que as portas e janelas se abrissem para as ruas. Eles concordaram que as construções deveriam seguir os contornos das ruas e não cortá-las ou apropriar-se indevidamente de espaços que são reconhecidamente públicos e permeáveis. Eles concordaram que a iluminação deveria ser fraca, discreta e, se possível, montada em estruturas permanentes. Eles concordaram na humanidade de alguns materiais e na qualidade alienante de outros; eles até mesmo concordaram sobre detalhes tais como molduras, caixilhos de janelas e pedras de pavimentação, tão logo aprenderam a pensar sobre eles como escolhidos não para seu benefício pessoal, mas para o bem comum. O estilo clássico na arquitetura, e em particular o padrão vernáculo familiar da velha Manhattan e da Londres georgiana, incorporam esse tipo de acordo recíproco. Os princípios que o norteiam são obedecidos igualmente nas ruas da antiga Éfeso e nos arredores de nossas abadias e catedrais góticas.

Em um determinado momento, o príncipe Charles aproveitou-se de sua posição pública para externar esses pensamentos, falando em nome da maioria silenciosa. E o ultraje do *establishment* da arquitetura foi expresso em termos familiares. O príncipe foi descrito como alguém que "vive em outro século", como um "reacionário", como alguém incapaz de compreender que "o mundo mudou", e como "estando fora de contato" com o trabalho genuíno e "original" de pessoas que estão "vivendo e trabalhando agora". Suas próprias tentativas, por meio do arquiteto Léon Krier, de construir uma nova cidade-modelo em Poundbury, em Dorset, são descartadas como "Disneylândia", "pastiche", "piegas" e "retrógrada". Todos esses epítetos, que você pode encontrar em todas as discussões que se seguiram ao famoso e, de fato, notório discurso do príncipe contra os "carbúnculos" modernistas que desfiguram Londres,[6] demonstram a falácia do espírito móvel atuando, e o modo pelo qual ela é utilizada para encerrar discussões sobre aquilo que deveria ser uma questão aberta – a questão de como você e eu deveríamos construir, aqui e agora.

Heidegger, que normalmente não costumava fazer pronunciamentos lúcidos, deu uma contribuição importante ao argumentar que "só conseguimos criar uma habitação por meio da construção".[7] Ele poderia ter ressaltado esse ponto de forma inversa com uma verdade igual: apenas mediante o aprendizado de como construir é que conseguimos criar uma habitação. A construção e a habitação são duas partes de uma mesma ação. A arquitetura é a arte do assentamento humano. A partir dessa observação simples podemos compreender de imediato quão destrutiva a falácia do espírito móvel deve ser quando importada do reino do academicismo artístico e histórico, a fim de se estabelecer como um guia para o presente. Ela é a inimiga inevitável do design urbano, e já provou que é assim. E da mesma forma não chega a surpreender que nossas cidades, submetidas à regra dessa falácia, tenham sido tão completamente desfiguradas. Uma mixórdia de mutuamente antagônicos "eus" substituiu o velho consenso da cidade, e o "nós" do assentamento comum, no passado expresso pelos becos, pelas soleiras das portas, arquitraves, fachadas e ruas, desapareceu das nossas vistas.

---

[6] Discurso proferido no 150º aniversário do Instituto Real de Arquitetos Britânicos, no dia 30 de maio de 1984.

[7] Ver Martin Heidegger, "Building, Dwelling, Thinking". In: *Poetry, Language, Thought*. Trad. Albert Hofstadter. New York, HarperCollins, 1971; Eduard Führ, *Bauen und Wohnen: Martin Heideggers Grundlegung einer Phänomenologie der Architektur*. Münster/New York, Waxmann, 2000.

Capítulo 8 | A Falácia da Agregação

Quando os revolucionários franceses criaram o seu famoso *slogan Liberté, Égalité, Fraternité*, eles estavam em um estado de exaltação utópica que os impedia de detectar nele quaisquer falhas. Aos seus olhos a liberdade era boa, a igualdade era boa e a fraternidade era boa, então sua combinação era três vezes boa. Isso equivale a dizer que se a lagosta é boa, o chocolate é bom e o *ketchup* é bom, então a lagosta cozida com chocolate e *ketchup* é três vezes boa. Naturalmente, a culinária americana exemplifica esse tipo de erro em maneiras que nunca deixam de surpreender o paladar exigente do europeu. Porém, na esfera política, os erros apresentam consequências muito piores do que aquelas que podemos encontrar em um prato americano.

Os franceses tiveram que passar por um processo doloroso de descoberta antes de se dar conta da aventura em que eles haviam se metido. Mesmo quando Robespierre promovia fanaticamente o "despotismo da liberdade" não ocorreu aos jacobinos que eles estavam comprometidos com uma contradição. Somente com a chegada dos tribunais revolucionários – nos quais o juiz, o jurado e o promotor eram idênticos, e o acusado, privado do direito de defesa – é que os mais razoáveis dentre eles viram que o objetivo da igualdade exige a destruição da liberdade. E as cabeças em que esse pensamento começou a germinar foram rapidamente decepadas antes que ele pudesse dar frutos. Ocorre que cada vez mais desde aqueles dias, porém, a humanidade vem cometendo o mesmo erro, travestindo a busca da igualdade como a forma *verdadeira* de liberdade, e advogando a escravização pelo Estado como a "libertação" das massas dos grilhões da exploração.

Esse tipo de pensamento corporifica a falácia que é repetida sempre que o desejo pelas coisas boas impetuosamente cancela qualquer tentativa de compreensão das conexões existentes entre elas. À medida que as pessoas aspiram por uma coisa boa depois da outra, elas projetam sua esperança para longe de si mesmas, imaginando que ela será realizada em alguma condição humana futura. Como resultado disso, elas acrescentam um bem sobre outro em uma lista de desejos sempre crescente. E porque cada bem foi tirado do seu contexto e transferido a um mundo imaginário, é quase certo que o resultado envolva objetivos que não podem ser conjuntamente realizados.

Isto – a falácia da "agregação" – desempenhou um papel importante na evolução do liberalismo, desde sua forma clássica, esposada por Adam Smith, até sua forma moderna na visão de mundo dos intelectuais da costa leste americana, e consagrada na obra magistral de John Rawls intitulada *Uma Teoria da Justiça*. Para nossos ancestrais vitorianos, um liberal era alguém que valorizava a liberdade individual mais do que qualquer objetivo social que pudesse ser imposto pelo Estado, e que acreditava que os indivíduos resolveriam seus problemas através de seu senso moral inato, desde que o Estado permitisse que eles dessem vazão a ele. Na América, hoje, um liberal é alguém que advoga uma interferência maciça por parte do Estado em todas as atividades econômicas, nas escolas e universidades, e nas instituições da sociedade civil tais como o casamento e as associações, a fim de impor a igualdade.

A história do liberalismo americano levantou a questão de se a liberdade e a igualdade realmente podem ser combinadas da forma que tantas pessoas desejaram. Será que o conflito entre elas é negociável? Devemos a Rawls o crédito de ter procurado uma resposta para essa questão, que ele acreditava ter encontrado na engenhosa ideia de um "ordenamento léxico". A exigência da liberdade deve ser satisfeita antes que questões de distribuição possam ser levantadas. Contudo, a exigência de liberdade diz respeito à liberdade *igual*, e isso traz o problema de volta. E se nós só conseguirmos tornar a liberdade igual eliminando-a?

Constatamos a força dessa questão na prática política. Ataques às liberdades até aqui desfrutadas pelos americanos são feitos, como regra, em nome da liberdade. Por exemplo, quando a liberdade de um empregador de empregar quem ele deseje empregar é cancelada pelas políticas "não discriminatórias", isso é justificado por uma necessidade de "empoderamento" e, portanto, "libertação" de minorias previamente oprimidas. Se se argumenta que os direitos do empregador são infringidos por políticas que o compelem a fazer aquilo que ele não faria voluntariamente, então a Suprema Corte descobre direitos dos empregados que terão precedência sobre aqueles direitos. Esses novos direitos dos empregados não são como os direitos individuais consagrados na Declaração de Direitos original, que são realmente liberdades, definindo a esfera da soberania individual. Eles são direitos de grupos – direitos que uma pessoa tem em função de ser uma mulher, um homossexual, um membro de uma minoria, ou seja lá o que for. Isso pode ser visto nas discussões sobre "ação afirmativa". Duas pessoas, João e Maria, candidatam-se a uma vaga em uma faculdade. João apresenta qualificações melhores, mas Maria é uma americana nativa e é admita com base nesse critério. Em tais casos, os liberais argumentam que Maria tem o direito de desfrutar dessa vantagem em virtude do grupo a que ela pertence – um grupo previamente oprimido cuja posição na sociedade só pode ser melhorada mediante a concessão desse tipo de tratamento preferencial.

Esse novo tipo de direito é inventado a fim de justificar a discriminação em nome da não discriminação. É uma forma de cancelar direitos individuais em nome de interesses grupais. Como tal, ele cho-ca-se contra todo o significado do liberalismo na sua forma clássica, que visava proteger o indivíduo contra o grupo, e garantir a soberania do indivíduo com relação a sua própria vida, como a única base para a ordem consensual. Ainda assim, os liberais americanos não têm dú-vidas em sua própria mente de que são eles, e não seus oponentes conservadores, os verdadeiros advogados da liberdade individual no mundo moderno. O desejo pela igualdade é, a seus olhos, nada menos do que o desejo de tornar a liberdade disponível igualmente para to-dos – algo que só pode ser atingido "empoderando" os grupos cujas desvantagens até agora os impediram de conquistar seus objetivos. E o único agente capaz de executar esse ato de concessão de poderes em larga escala é o Estado, que dessa forma precisa ser expandido.

Não estou interessado aqui em apoiar nenhum dos lados nesse conflito. Suspeito que a maioria das pessoas será atraída para am-bos os lados, reconhecendo a natureza dúbia dos "direitos grupais", ao mesmo tempo que espera que a posição adversa das minorias previamente oprimidas possa ser melhorada mediante procedimen-tos legais e constitucionais. Ainda assim, o conflito ilustra a forma pela qual a liberdade e a igualdade estão em guerra, bem como a for-ma como as pessoas apoiam um lado em uma guerra sem admitir sua existência. Os juízes "liberais" interpretam a Constituição americana de qualquer forma que seja necessária para gerar a igualdade, e eles justificam esse procedimento dizendo que estão discernindo *direitos* até então despercebidos. Portanto, a regulamentação do comércio e a tentativa de controlar e diminuir o impulso social serão justificados em termos dos direitos daqueles que de outra forma sofreriam, em vez de os direitos daqueles sobre os quais a carga da regulamentação cai. Se as pessoas, ao exercer sua livre escolha, estabelecem clubes só para homens, então o Estado tem o direito de fechá-los, ou de forçá-los a admitir mulheres. Pois os clubes masculinos, que criam redes de influência que concedem vantagens aos homens, violam os direitos gerais das mulheres de ser "tratadas como iguais", um direito que, de acordo com o jurista liberal Ronald Dworkin, tem precedência sobre o direito a tratamento igual, que é o único direito com que os homens que fundaram o clube podem contar em seu conflito com a ortodoxia feminista.[1] Se as pessoas se recusam a reconhecer a legitimidade das uniões homossexuais, ou tentam excluir os homossexuais de seus postos no trabalho ou na educação, então o Estado tem o direito de intervir e forçá-los a mudar seu modo de agir. Pois isso é o que o "direito de ser tratado como igual" exige.

A falácia da agregação ajuda esse tipo de argumento. Pois ela permite que as pessoas acreditem que estão incluindo tanto a liberdade quanto a igualdade entre os seus objetivos. Não há necessidade de examinar como um objetivo restringe o outro, pois todos os bens são agregados no cômputo final. Ao levarmos adiante a causa da igualdade, estamos propagando as liberdades, uma vez que é disso que os direitos tratam. Portanto, você pode ser um liberal e devotar-se a destruir as liberdades que bloqueiam o caminho da igualdade. E o Estado é o instrumento mais poderoso jamais criado para fazê-lo. O Estado pode confiscar os bens dos bem-sucedidos e redistribuí-los para aqueles que de outra forma poderiam fracassar. Ele pode impedir a formação de redes e hierarquias exclusivas e em geral controlar as associações, de forma a proteger aqueles que elas excluem. Assim, em nome de "tratar como um igual", podemos impor qualquer tipo de tratamento desigual e ainda assim manter os direitos e as liberdades das pessoas como um todo.

Contudo, existe outro aspecto. Muitos igualitários permanecem presos à falácia da agregação, uma vez que ela lhes permite acreditar que, ao buscar a igualdade, eles estão buscando a liberdade na sua forma *verdadeira*. Eles admitem que a liberdade individual seja um

---

[1] Ver a declaração original de Ronald Dworkin sobre essa posição, "The DeFunis Case: The Right to Go to Law School". *New York Review of Books*, fev. de 1976.

bem final, porém interpretam a liberdade de uma nova forma, como concedida pela "luta" por igualdade. As liberdades advogadas pelos conservadores e individualistas são, aos olhos de muitos igualitários, formas de "dominação", modos pelos quais uma pessoa pode exercer poder sobre outra. Por isso elas são apenas falsamente descritas como liberdades. A busca da liberdade na sua forma verdadeira envolve a extirpação da dominação. E a dominação se apresenta de muitas formas – incluindo as formas pelas quais as pessoas buscam controlar umas às outras por meio dos costumes e das leis. Portanto, ao mesmo tempo em que se faz campanha por uma expansão do Estado na esfera pública, o novo tipo de liberal frequentemente fará campanha pela exclusão do Estado da esfera privada, argumentando que os indivíduos devem ser "libertados" de todas as tentativas de impor a moralidade por meio do direito, ou de privilegiar qualquer estilo de vida particular como normativo.

Quando Adam Smith tornou a liberdade central em sua visão da economia moderna, ele deixou claro que a liberdade e a moralidade são dois lados de uma mesma moeda. Uma sociedade livre é uma comunidade de seres responsáveis, unidos pelas leis de solidariedade e pelas obrigações do amor familiar. Não é uma sociedade de pessoas libertas de todas as limitações morais, pois isso é precisamente o oposto de uma sociedade. Sem limitações morais não pode haver cooperação, nenhum compromisso familiar, nenhuma perspectiva de longo prazo, nenhuma esperança de ordem econômica e muito menos de ordem social. Ainda assim, aqueles que se descrevem como "liberais" desejam extirpar as limitações morais das leis e de quaisquer outros lugares em que elas possam encontrar uma base de apoio duradoura na sociedade. Eles são frequentemente amoralistas em questões sexuais, e acreditam que o Estado não tem por que impor, através do direito ou do sistema educacional público, alguma visão particular de ordem moral ou de realização espiritual. Essa abordagem é fortalecida pela falácia do nascido livre discutida no Capítulo 3, que fornece uma abordagem indulgente da moralidade que facilita a transferência da responsabilidade para o Estado. Dessa forma se molda a nova agenda liberal: o controle do Estado sobre todos os aspectos da vida pública; total liberação na esfera privada. Saber se uma sociedade constituída dessa maneira pode sobreviver e se ela pode se reproduzir são questões ainda abertas, às quais um pessimista provavelmente dará uma resposta negativa. A despeito disso, a capacidade dos reformadores liberais de ignorar os sinais de decadência social e de continuar a pressão para que suas agendas sejam executadas não deixa de ser uma evidência notável de que eles vivem em um mundo de falsas esperanças.

Outro exemplo se apresenta agora. Desde a década de 1960, os países ocidentais adotaram políticas sobre a questão da imigração que nenhuma pessoa escolada nas verdades elementares do pessimismo teria endossado. Qualquer um que tenha estudado o destino dos impérios e as dificuldades de se estabelecer jurisdição territorial sobre comunidades que diferem em religião, língua e costumes matrimoniais, sabe que essa tarefa é quase impossível, e que esses fatores ameaçam constantemente romper com a unidade do império, causando esfacelamento, tribalismo ou guerra civil. Afrouxe o controle nos impérios multiétnicos e multiculturais – tais como o Império Otomano ou a Iugoslávia comunista – e explodem de imediato o derramamento de sangue e a destruição desenfreada. Existem remédios, naturalmente, e recursos diplomáticos, tais como os praticados tão eficazmente pelos libaneses até a tentativa de Hafez al-Assad de impor um império sírio.[2] Todavia, os resultados conhecidos da construção da paz humana nos alertam contra o estabelecimento de culturas amplamente diferentes em um único território.

A resposta otimista aos problemas apresentados pela imigração em massa foi a política do multiculturalismo. Cada cultura, seus

---

[2] Examinei esse exemplo trágico na obra *A Land Held Hostage: Lebanon and the West*. London, Claridge Press, 1987.

defensores argumentavam, é boa em si mesma. Cada uma tem algo a oferecer, sejam os alegres festivais dos hindus, sejam os carnavais dos indianos ocidentais, as famílias coesas dos muçulmanos, a calma operosidade dos chineses. Cada cultura precisa ter o máximo de espaço para florescer e realizar-se, para fornecer a seus membros os frutos da cooperação social e desfrutar do endosso de um sistema educacional que evita ditar o que pode ser pensado, feito ou dito, mas em vez disso depende da orientação das famílias que fazem uso dele. A fim de oferecer espaço para as culturas minoritárias, porém, a cultura majoritária precisa ser marginalizada. Ela não pode mais ditar a forma e o conteúdo do currículo escolar, e qualquer sugestão de que o lugar onde estamos deve ter precedência sobre o lugar de onde viemos precisa ser cuidadosamente extirpada do programa.

A falácia aqui é gritante. Todas as culturas geram benefícios às pessoas que crescem em seu seio, e as culturas que resistiram ao teste do tempo dão provas de suas virtudes. Mas isso não quer dizer que essas muitas formas positivas podem ser agregadas. Ao contrário, como fica claro na história da Índia sob o domínio dos mongóis e na história do subcontinente indiano hoje, a presença, em um mesmo local, de duas formas de vida violentamente opostas tem sido fonte de instabilidade contínua, vem conduzindo a separações e a conflitos civis, e continua a ameaçar o país com a violência. Se há hoje, de forma relativa, paz na Índia, é graças ao esforço concentrado dos hindus e dos muçulmanos de colocar suas diferenças de lado e de criar uma outra cultura – uma cultura cívica abrangente, em que território, história, direito e instituições políticas são as características definidoras da lealdade civil.

Foi exatamente essa cultura que nós, no Reino Unido, herdamos no final da Segunda Guerra Mundial. Ela baseava-se na identidade nacional, em uma herança cristã específica e, acima de tudo, no arcabouço político e jurídico que havia tornado as liberdades elementares disponíveis para o sujeito comum. Apesar de a Igreja Anglicana ter mantido sua centralidade social e política, nossas escolas estavam cheias de não conformistas, judeus e humanistas agnósticos de um certo tipo vitoriano. A cultura pública do Reino Unido era, por assim dizer, um subproduto do cristianismo e também do iluminismo. Seu aspecto mais importante estava contido nas virtudes da cidadania, do patriotismo e da obediência ao Estado de direito. E todas essas coisas eram celebradas em nossos livros de história, em nossa literatura infantil e na forma dos currículos escolares. Dizer que o Reino Unido fosse "monocultural" seria interpretar mal a natureza de tal cultura nacional, que é sempre uma destilação sincrética de elementos que são, a um só tempo, autóctones e importados. O currículo escolar de que desfrutei na década de 1950 e no início da de 1960 não era de forma nenhuma "etnocêntrico"; nem estava centrado na experiência imperial britânica, por mais importante que ela possa ter sido nas nossas lições de história. Nosso currículo dedicava muita atenção aos grandes autores gregos e latinos; à literatura medieval e renascentista em língua inglesa; à Bíblia hebraica e à história bíblica, bem como aos deuses e heróis da Grécia e de Roma. Tínhamos também uma dose razoável da literatura continental, tanto francesa quanto alemã, e T. S. Eliot estava de alguma forma no ar (ele havia sido por um breve período diretor da minha *grammar school*), encorajando-nos a ler tudo o que estava mencionado nas notas de rodapé de *The Waste Land*, desde o estudo de Jessie L. Weston sobre os cultos medievais da vegetação até o *Bhagavad Gita*. Quanto às crenças básicas, elas eram poucas e imprecisas. Supunha-se que todos nós éramos cristãos, a não ser que fôssemos judeus. Porém, mais importante do que qualquer doutrina teológica ou prática ritual era aquilo chamado *caráter*, que se manifestava nas negociações honestas e abertas com os outros, na liberdade dos costumes e numa atenção meticulosa com os deveres. Nossa cultura era a do "inglês cumpridor das leis". E os poucos meninos de origem indiana em nossas classes não tinham o menor problema com isso.

O multiculturalismo não substituiu aquele currículo; ele meramente o destruiu. Pois os defensores do multiculturalismo não tinham a menor ideia do que eles queriam dizer exatamente com esse termo. Eles acreditavam que devemos ver as "outras culturas" como inerentemente boas e, portanto, abrir espaço para elas, acrescentando-as uma a uma ao currículo e, dessa forma, aperfeiçoando-o constantemente. Porém, você não ensina culturas dessa forma. Mesmo que os antropólogos possuíssem os conhecimentos exigidos para pular de uma cultura para outra, tendo uma visão geral de cada uma delas, eles só poderiam fazê-lo porque a deles seria uma visão *de fora*. Mas o que valorizamos em uma cultura é sua visão *interior* – a visão dos participantes, cujas emoções, apegos e objetivos são todos esclarecidos por sua imersão em uma forma de vida compartilhada, e a rede de rituais e imagens que foi tecida nela.[3] Essa visão interior pode ser ensinada, mas somente mediante um processo de aculturação em que aquela cultura é colocada como sendo a "nossa". A aculturação é valiosa como a precursora da atitude do "nós" – aquilo que torna possível considerar a si mesmo como um entre muitos, com um destino que é compartilhado. Nesse sentido, você não pode aprender muitas culturas. O melhor que você pode fazer é aprender um tipo de síntese da cultura pública que você compartilha com os vizinhos e a cultura privada que permanece em casa. Isso é exatamente aquilo que nosso velho currículo "monocultural" transmitia: uma cultura pública de bom comportamento e lealdade nacional compartilhada, dentro da qual as variações particulares poderiam buscar, e encontrar, um lar. Era um instrumento de paz entre estranhos, uma forma de ligar os muitos modos de vida diferentes que florescem no solo britânico ao território que eles compartilham. E tudo que o multiculturalismo conseguiu fazer foi desestabilizar aquela cultura comum e pública, retirar

---

[3] Uma questão familiar desde os escritos de Ruth Benedict, dentre muitos outros. Ver *Patterns of Culture*. London, Routledge, 1935.

a sua legitimidade e o seu direito a nosso respeito, e colocar em seu lugar um grande e sonolento vazio. Jovens oriundos das minorias, que estão procurando um lugar na ordem social circundante e cujas esperanças dependem de se tornar uma parte dela, são privados dos meios de pertencer a qualquer "nós" além daquele que é lembrado no seio familiar – e frequentemente lembrado em termos idílicos e irrealistas, como se fosse um santuário abençoado ao qual os andarilhos um dia retornarão.

Suspeito que os perigos dessa situação se tornaram aparentes até para os otimistas que a criaram. Ninguém deveria realmente ficar surpreso com o fato de que os jovens muçulmanos que explodiram a si mesmos em Londres no verão de 2005, matando cerca de cinquenta pessoas inocentes, eram cidadãos britânicos criados no país, de origem imigrante – os primeiros produtos da loucura multicultural, criados para considerar a ordem que os cerca como uma a que eles não pertencem e não podem pertencer, e com uma visão de cultura derivada apenas da negação de tudo aquilo que seu país natal tem a oferecer.

Contudo, isso me traz ao ponto de minha discussão. Nossas sociedades entraram em um período de instabilidade e ameaça. Elas foram levadas a essa situação por modos de pensar que são claramente tanto irracionais quanto compulsivos. As falácias envolvidas nesses modos de pensar podem ser facilmente expostas. Porém, o pensamento permanece. O que devemos fazer então, e como podemos nos proteger das falsas esperanças dos enganadores e adquirir nossas próprias esperanças verdadeiras? Essa é a pergunta que proponho nos três capítulos finais. E começo analisando algumas das estratégias em que a verdade tem sido, e continuará sendo, excluída da discussão.

Capítulo 9 | Defesas Contra a Verdade

Os completamente pessimistas, cujo pessimismo priva o mundo de seu aspecto sorridente, e que se recusam a ficar alegres por qualquer coisa, nem que seja pela perspectiva de sua própria extinção final, são personagens pouco atraentes – pouco atraentes para os outros e também para eles mesmos. Por outro lado, as pessoas de fato alegres, que amam a vida e são gratas pela sua bênção, necessitam muito do pessimismo, em doses pequenas que as permitam ser digeríveis, porém astutas o suficiente para identificar as loucuras ao seu redor, que de outra forma envenenam suas alegrias. Elas irão evitar as falácias que discuti neste livro, e buscarão enfraquecer poder de atração dessas falácias para aqueles que ficam encantados por elas. Elas ficarão perturbadas pelo espetáculo da falsa esperança, querendo trazer a esperança, como a fé e a caridade, para a terra e apresentá-la com roupagens humanas. Elas reconhecerão a atitude expansiva do "eu" pelo que ela é de verdade, um desejo de refazer o mundo como o criado servil de um ego fraco que desconhece a si próprio. E elas irão buscar um mundo em que a atitude do "nós" possa crescer, trazendo consigo os confortos de uma sociedade genuína e a livre associação de pessoas razoáveis.

Em suma, as pessoas verdadeiramente alegres ficarão preocupadas em defender as verdades das quais o otimista inescrupuloso foge. Elas demandarão responsabilidade e prestação de contas nas nossas negociações com os outros, e insistirão que o custo de cada risco seja assumido por aquele que o toma. Elas insistirão que, em todos os pensamentos a respeito do futuro, a melhor das hipóteses seja temperada por uma consideração a respeito da pior. Em face da insensatez em larga escala, elas exigirão que se leve em conta as alegações da sabedoria em pequena escala. Confrontadas por planos abrangentes para o aperfeiçoamento da humanidade, e os associados ataques à tradição, à autoridade e à ordem em todas as suas formas experimentadas e imperfeitas, elas recomendarão comedimento e cautela, esperando proteger o espaço em que a atitude do "nós" possa florescer. Porém, se alguma coisa viesse a ampliar o pessimismo e a privá-lo de seu aspecto alegre, ela seria a resposta dos próprios otimistas, que são incapazes de descartar suas ilusões. Em vez de refazer os seus passos para descobrir as falácias que produziram as suas crenças, os otimistas atacarão os seus críticos, frequentemente com um veneno que é difícil de aguentar. Ou eles retornarão a seus esquemas e teorias com um entusiasmo renovado, dizendo que não tinham ido longe o suficiente, e que o que é preciso é mais planejamento, mais liberação, mais progresso – e mais execuções.

Certas estratégias são habitualmente utilizadas nessa ação defensiva, e vale a pena examiná-las, uma vez que elas demonstram a maneira pela qual os seres humanos conspiram para evitar a verdade, sempre que ela demanda uma mudança dolorosa em suas rotinas. Primeiro, existe a estratégia da transferência do ônus. O senso comum sugeriria que, quando você propõe alguma inovação importante, que promete enormes benefícios, o ônus recaísse sobre você para mostrar a probabilidade de que aqueles benefícios realmente acontecerão. Invariavelmente, porém, o otimista inescrupuloso confronta a crítica com um argumento de transferência do ônus, dizendo que cabe a você, o pessimista cauteloso, provar que os costumes e as tradições que eu condeno trazem realmente uma contribuição para o bem comum. Naturalmente, o senso comum também diz que qualquer costume que tenha sobrevivido ao teste do tempo tem pelo menos isto a ser dito a seu respeito: que ele não é disfuncional. Isso, porém, não satisfaz os otimistas, que insistem que você demonstre conclusivamente que os costumes tradicionais são mais benéficos do que a "melhoria" que eles advogam.

O argumento da transferência do ônus vem sendo usado com grande eficácia nos debates a respeito do divórcio e do aborto. Aqueles que disseram que tornar o divórcio mais fácil ameaçaria a estabilidade do casamento e os interesses dos filhos foram confrontados com o desafio de provar esse ponto de vista, e também de provar que a argumentação de seus oponentes está errada, segundo a qual o divórcio fácil asseguraria que bons casamentos durassem, e que maus casamentos terminassem rapidamente. Como se pode provar esse tipo de coisa? Prive o senso comum e o costume de sua autoridade e você poderá provar qualquer coisa ou coisa nenhuma, dependendo de seu ponto de partida. Ronald Dworkin nos disse que cabe aos oponentes do "direito" ao aborto provar que o dano causado pela sua permissão excede o dano à saúde mental das mulheres que surge em função da sua proibição.[1] E naturalmente nada disso pode ser *provado* de antemão – apesar de que, em retrospecto, testemunhando a escala genocida dos abortos na América e a atitude descuidada em relação à paternidade que prevalece agora, é tentador dizer que é desnecessário apresentar qualquer prova. Os otimistas inescrupulosos nos dirão que cabe àqueles que defendem os velhos costumes matrimoniais provar que o casamento gay ameaçará um bem social estabelecido, e não àqueles que propõem essa inovação mostrar que ela não apequenará a instituição do casamento.

---

[1] Ver Ronald Dworkin, *Life's Dominion: An Argument about Abortion, Euthanasia, and Individual Freedom*. New York, Knopf, 1993. [Em edição brasileira: Ronald Dworkin, *Domínio da Vida: Aborto, Eutanásia e Direitos Individuais*. Trad. Jefferson Luiz Camargo. São Paulo, Martins Fontes, 2003. (N. E.)]

Todos os conservadores tiveram que lidar com o argumento da transferência do ônus da prova, que efetivamente concede uma vantagem à inovação, por mais injustificada e por mais desestabilizadora que seja. Os resíduos da razoabilidade coletiva nos costumes, na tradição e no direito comum, em que as soluções para incontáveis conflitos e dificuldades foram sedimentadas para fornecer um solo fértil de precedentes, são descartados como inúteis em face de inovações que oferecem muito pouco a recomendá-las, afora a esperança e o entusiasmo dos seus proponentes. Dessa forma, o "eu" expulsa o "nós" sem sequer travar uma batalha.

Porém, existem outras defesas que foram igualmente importantes para proteger os esquemas otimistas contra a dúvida. Considero quatro delas: a falsa especialização, a culpa transferida, o hermetismo e a utilização do bode expiatório. Dou exemplos de cada uma dessas estratégias a fim de ilustrar os princípios gerais envolvidos. Mesmo que os exemplos pertençam a nossa época, não se deve concluir que haja alguma coisa nova nos fenômenos que eles ilustram. É bem conhecido que Apolo, ao conceder o dom da profecia a Cassandra, também puniu a rejeição dela a suas investidas assegurando-se de que ninguém iria jamais acreditar em seus avisos. E esse também é o destino dos profetas do Antigo Testamento. Por mais cautelosos que os pessimistas possam ser, eles serão constantemente confrontados por estratégias criadas para frustrar ou ridicularizar os seus avisos, e só em casos raros eles conseguem fazer com que o bom senso conquiste uma vitória. Por que isso ocorre será o tópico do capítulo seguinte. O fato de ser assim é ilustrado pelos exemplos abaixo.

Primeiro, então, a falsa especialização. A estratégia é inventar especialistas apoiados por todo o aparato de erudição, pesquisa e "revisão dos pares", e munidos de conceitos e agendas que tornam praticamente impossível colocar um freio em suas teorias. Essa é uma estratégia antiga, que remonta ao início da universidade moderna nas comunidades cristãs e muçulmanas da Idade Média.

A teologia – que é uma disciplina muito diferente na Universidade Al-Azhar do Cairo daquela ensinada na Universidade Católica de Milão – foi a disciplina fundadora de nossas universidades. Ela gerou grandes obras de filosofia, história e estudos bíblicos. Mas ela era, e continua sendo, inteiramente falsa. O propósito da teologia tem sido o de gerar especialistas em um tópico sobre o qual não existem especialistas, ou seja, Deus. Embutidas em todas as versões da teologia estão as conclusões impostas pela fé: conclusões que não devem ser questionadas, mas apenas cercadas por pesquisas fictícias e protegidas contra refutação.

Não devemos lamentar a centralidade da teologia na velha universidade; ela gerou trabalhos na filosofia, na literatura e nas ciências naturais pelos quais todos nós devemos ser gratos. Na *Summa* de Santo Tomás de Aquino vemos como a tentativa de proteger a fé contra a dúvida produz a exploração mais majestosa da dúvida em todos os seus aspectos, e uma exposição brilhante das marcas distintivas da condição humana. O mesmo não pode ser dito das matérias que recentemente derivaram do mesmo princípio básico – matérias como estudos femininos, estudos de gênero, estudos sobre os gays e estudos sobre a paz, planejadas para proteger uma conclusão prévia sob uma montanha de pseudopesquisas. Dentre todos esses temas, talvez o mais interessante e influente em nossa época seja o da "educação". Ele foi inventado como uma disciplina acadêmica a fim de encontrar endosso para a nova visão da escola como um local para produzir a igualdade social, em vez de reproduzir conhecimento. Os especialistas em educação deveriam supostamente conhecer tudo sobre psicologia, filosofia e sociologia da aprendizagem, e sobre o real – e até aqui mal compreendido – significado da educação em uma sociedade moderna. Não se exigia deles, porém, que tivessem qualquer conhecimento direto sobre alguma matéria, ou qualquer reputação em alguma disciplina previamente reconhecida. Embora sendo incompetentes para entrar em sala de aula e transmitir o conhecimento que os estudantes estavam lá para adquirir, eles eram os "especialistas" em todos os temas ligados ao processo de sua aquisição.

Sempre que decisões precisavam ser tomadas a respeito do ensino, do currículo e do treinamento do professor, os "educadores" é que eram consultados – frequentemente pessoas que tinham demonstrado uma capacidade tão reduzida de adquirir conhecimento de uma disciplina verdadeira que, em vez disso, resolveram aprender como ensiná-la. Sua agenda era uniformemente igualitária, centrada na criança e avessa ao conhecimento, e é graças em grande medida aos educadores que a falácia do nascido livre foi inserida bem no coração da reforma educacional no Reino Unido, na Europa continental e na América. O fato de os educadores não saberem nada de importante nunca foi computado como uma desvantagem. Pelo contrário, essa ignorância liberava suas mentes para a tarefa muito maior de extirpar do currículo todos aqueles obstáculos à falsa esperança que haviam sido implantados ali pelas gerações anteriores de acadêmicos: obstáculos como latim, cálculo, argumentação e história nacional, dos quais todos me foram ensinados na escola, e dos quais todos foram efetivamente extirpados do currículo escolar.

A especialização inventada tem sido igualmente útil para reforçar as falsas esperanças que acompanharam a revolução sexual. Há pouco tempo, na Inglaterra, um bebê de dois anos de idade, conhecido como Bebê P, morreu após oito meses de torturas sistemáticas infligidas por sua mãe e seu namorado. Os agentes sociais e os pediatras tinham registrado o caso em seus livros, mas foram incapazes, relutantes ou legalmente incompetentes para agir. Os ferimentos infligidos à criança foram tão horripilantes que sua aflição virou manchete na imprensa, e o subsequente julgamento e condenação da mãe e de dois homens por "causarem ou permitirem" a morte do Bebê P foi o drama nacional do dia. Em todas as discussões que surgiram, todavia, o tema principal foi o do abuso da criança, e foram nomeados especialistas para diagnosticá-lo e retificá-lo. Esses especialistas possuem prerrogativas para assessorar os tribunais, que podem ordenar a retirada das crianças dos cuidados de seus pais e arranjar sua adoção por alguma instituição sob os auspícios do Estado. A primeira resposta para o caso do Bebê P foi descrever esses especialistas como sobrecarregados e mal pagos, o que implicava que eram necessários mais deles. O conceito de "abuso infantil", sobre o qual uma vasta burocracia foi erguida em todo o mundo ocidental, e que automaticamente sugere uma condição social e psicológica complexa com a qual somente os especialistas são capazes de lidar, ganhou mais popularidade com a opinião pública e a máquina governamental. O que é necessário, os especialistas insistiam, é mais de *nós*, mais planejamento, mais supervisão, mais formas de impedir essa desordem disseminada pela sociedade por meio da intervenção de um Estado benevolente.

Na realidade, o que o Bebê P precisava era de um pai, e uma dose mínima de pessimismo teria apontado esse diagnóstico. O Family Education Trust [Fundo da Educação Familiar] demonstrou que as crianças são 33 vezes mais suscetíveis de sofrer abuso grave e 73 vezes mais suscetíveis de sofrer abuso fatal em um lar compartilhado por uma mãe e seu namorado ou padrasto do que em uma família intacta.[2] Os pais instintivamente protegem seus filhos. Os namorados, para os quais o filho de outro homem é um rival, instintivamente os atacam. Se pensarmos dessa forma, porém, estaremos confrontando um dos preconceitos fundamentais de nossa época: o preconceito de que as novas formas de vida doméstica que surgiram como consequência do divórcio fácil e da revolução sexual são inalteráveis e inquestionáveis. O abuso infantil não é uma desordem social universal, para a qual a burocracia estatal e seus especialistas sejam a cura. Ele é o resultado direto da deslegitimação da família, frequentemente levada a cabo por aqueles mesmos especialistas. Enquanto isso, o Estado vem sendo

---

[2] Robert Whelan, *Broken Homes & Battered Children: A Study of the Relationship between Child Abuse and Family Type*. Oxford, Family Education Trust, 1994.

conivente com a dissolução dos laços matrimoniais, e tem rotineiramente subsidiado, por meio do sistema de bem-estar, os arranjos (incluindo os namorados residentes) que expõem as crianças ao perigo. Além do mais, graças aos especialistas, é uma prática-padrão nos casos de divórcio que os juízes concedam a custódia da criança para a mãe, dessa forma privando as crianças de seu principal protetor.

Tudo o que escrevi nesse parágrafo seria ou descartado como o preconceito de um velho antiquado ou atacado como grosseiro, discriminatório e opressivo pelos especialistas que foram nomeados para decidir sobre esses assuntos. Examine-se a sua especialização, porém, e de onde ela é proveniente, e você descobrirá que se trata de uma mistura de sociologia amadora, dogma esquerdista e retórica antifamiliar rotineira.[3] Ainda assim, o relatório do governo no caso do Bebê P, conduzido pelo Lorde Laming, perpetua a visão de que, se há um problema, ele ocorre nos serviços de proteção à criança, que precisam ser "retreinados", lavados em um novo banho de especialização e, naturalmente, dispor de mais recursos. A causa do problema, que é a erosão da família nas mãos do Estado, não é passível de menção.

A adoção de medidas politicamente corretas não é a única razão para essa resposta. A estratégia da culpa transferida também desempenha um papel. Os otimistas inescrupulosos, confrontados com um obstáculo real aos seus planos, não irão em regra culpar as forças que o criaram; eles culparão qualquer coisa que possa ser prontamente modificada, qualquer coisa que responda à culpabilização. Dessa forma eles asseguram um caminho simples para as melhorias. Você não pode facilmente restaurar a instituição da família; você não pode, sem confronto, penalizar as mães solteiras, os pais que abandonam as suas crianças ou os costumes sexuais que deixam as crianças à própria sorte. Mas você pode modificar os serviços sociais; você pode exigir mais e melhores

---

[3] Ver Stephen Baskerville, *Taken into Custody: The War against Fathers, Marriage and the Family*. Nashville, Cumberland House Publishing, 2007.

"especialistas"; você pode aumentar as verbas e realocar os recursos. Que isso não vai produzir nenhum benefício concebível está fora de questão: isso exemplifica o primeiro princípio dos governos burocráticos, representado pela ordem "não fique aí parado, faça alguma coisa!".

A estratégia da culpa transferida é mais bem ilustrada, porém, pelo exemplo de uma crise prévia, aquela que deu margem à ascensão do Movimento pela Paz, certamente um dos mais interessantes casos de otimismo deslocado na história moderna. Esse movimento não é novo. Ele foi antecipado pela "União pela Concessão da Paz" iniciada por Dick Sheppard, cônego da igreja de São Paulo, em 1934, que foi uma força importante no atraso do rearmamento britânico diante de Hitler. A União promoveu a visão de que a guerra era causada por nossas preparações para ela, e que bastaria mudar nosso comportamento, evitar gestos beligerantes e mostrar em todas as nossas atitudes que somos amantes da paz para que a ameaça das hostilidades desaparecesse. Essa visão paradigmaticamente otimista, que deveria ter sido refutada pela guerra que se seguiu, retorna de forma contínua para dominar o tema dos progressistas em relação às ameaças apresentadas pelo mundo moderno. Sua manifestação mais surpreendente nos tempos recentes foi a "ofensiva de paz" lançada pela União Soviética em 1980, logo após sua invasão ao Afeganistão. Por meio de organizações de fachada como o Instituto Transnacional em Amsterdã e o Conselho Mundial de Igrejas em Praga, a KGB foi capaz de utilizar os movimentos de paz existentes para orquestrar uma resposta favorável à estratégia soviética. Em particular, era vital para a estratégia soviética conservar o poder para subjugar a Europa e impedir a instalação dos mísseis Cruise, que deveriam ser um elemento essencial na defesa da OTAN contra a invasão.

Sem nos determos nos aspectos positivos e negativos da resposta da OTAN ou nas políticas adotadas pela CND[4] e seu braço

---

[4] Campanha pelo Desarmamento Nuclear. (N. T.)

supostamente mais circunspecto, a END,[5] temos que reconhecer a importância da estratégia da culpa transferida para o movimento pela paz como um todo. Até mesmo o mais inescrupuloso dos otimistas envolvidos estava consciente de que protestos do tipo organizado pela CND (tais como o acampamento das mulheres "amantes da paz" em Greenham Common, uma das bases escolhidas para a instalação dos mísseis Cruise) eram impossíveis no Império Soviético, onde qualquer dissensão era imediatamente suprimida. Todos estavam conscientes de que era fútil culpar os líderes soviéticos – não porque eles não fossem culpados, mas porque a culpa não servia a nenhum propósito quando dirigida a uma máquina que tinha cancelado *ab origine* qualquer possibilidade de responder a críticas. Ainda assim, o desejo de culpar alguém permanecia, e a esperança, junto com ele, de que a culpa serviria a um propósito – que ela iria alterar tanto as coisas a ponto de abortar a ameaça da guerra. Uma solução clara ao problema foi apresentada, a saber, culpar as ameaças do inimigo por nossa estratégia para enfrentá-las.

Assim surgiu a doutrina de que a guerra é causada pelas armas, e que ao nos armarmos contra o ataque nos expomos a um perigo muito maior do que ao mantermos um exército de cavalaria cerimonial. Essa foi a doutrina do movimento pela paz, que foi amplamente adotada pela esquerda. Ela coincidiu com a posição oficial soviética, que era a de que em qualquer guerra envolvendo os comunistas, aqueles que resistem à tomada do poder pelos comunistas é que são os agressores. O movimento deu margem a uma cultura da capitulação que não foi diferente daquela que surgiu em resposta ao rearmamento de Hitler. Ela envolvia iniciativas tais como o movimento dos "estudos da paz" – uma estratégia da falsa especialidade que se dirigia às escolas e universidades de toda a Europa Ocidental, para apresentar a doutrina fundamental na qual o movimento estava assentado, a

---

[5] Campanha Europeia pelo Desarmamento Nuclear. (N. T.)

doutrina de que enfrentar um ataque equivale de fato a encorajá-lo, como o princípio fundamental de uma disciplina acadêmica. No final das contas, como sabemos, o movimento pela paz não funcionou, e a estratégia de dissuasão do presidente Reagan ajudou a provocar o colapso da União Soviética e a libertação da Europa Oriental. Porém, a estratégia da transferência de culpa permaneceu de pé e tem estado ativa, contribuindo para o fortalecimento de otimismos espúrios desde então. Trata-se de outra das raízes do antiamericanismo contemporâneo, que se alimenta, em grande parte, do fato de que em todos os conflitos e estratégias em que eles estão envolvidos, os Estados Unidos são os únicos que respondem às críticas.

É por essa razão que logo depois dos ataques de 11 de setembro houve uma imediata explosão de culpa direcionada à América. Todo mundo sabia – e a natureza dos ataques demonstrava isso sobejamente – que a al-Qaeda não é uma organização com a qual seja possível manter algum diálogo, ou que tenha o hábito de examinar a consciência e lamentar os seus atos. Ela existe para recrutar o ressentimento e para canalizá-lo contra o alvo habitual, que é aquele que está à vontade no mundo e que desfruta dos benefícios que os ressentidos do mundo não conseguiram obter. Qual é o sentido de culpar uma organização desse tipo, ou até mesmo de fazer julgamentos morais? Não, em vez disso, voltemo-nos contra a América e vejamos o que ela fez – por meio de seu próprio sucesso – para *merecer* aqueles ataques. Imediatamente após a destruição das Torres Gêmeas, Ward Churchill escreveu um ensaio no jornal *Daily Camera*, intitulado "Some People Push Back",[6] em que ele tomou emprestada a expressão antes utilizada por John Zerzan na sua justificativa dos assassinatos aleatórios do Unabomber. A expressão foi "pequenos Eichmanns", usada para comparar as três mil pessoas que morreram nas Torres Gêmeas ao comandante de campo de concentração nazista que acabou capturado

---

[6] "Algumas Pessoas Forçam a Barra." (N. T.)

e levado às barras de um tribunal em Jerusalém. O artigo foi naturalmente objeto de intensa controvérsia na época. Porém, muitas pessoas se apressaram em justificar a descrição, e em insistir que ela não fez nada além de sublinhar a culpabilidade inerente da América. Os ataques, por mais lamentáveis que tivessem sido, eram o resultado inevitável, e que deveria ter sido esperado, das políticas dos Estados Unidos. E ao descrever as vítimas como "pequenos Eichmanns", Churchill tinha apenas enfatizado o papel especial das instituições financeiras na máquina imperial americana.

A prontidão em transferir a culpa dessa forma é fortalecida pela atitude que Nietzsche chamava de *ressentimento*. Quando coisas ruins acontecem, especialmente quando elas acontecem comigo, tenho um motivo para buscar a pessoa, o grupo ou a coletividade que as provocou, e sobre as quais a culpa pode ser lançada. E a falácia da soma zero surge para sugerir que a prova da culpa está no sucesso. Em todo conflito, portanto, devemos culpar a parte que desfruta da vantagem. Essa estratégia é particularmente compensadora no caso dos Estados Unidos, onde uma comunidade dinâmica, desfrutando de uma imprensa livre e de um debate público contínuo, cria espaço para a crítica de uma forma que não pode ser observada em nenhum outro lugar do mundo. Então não podemos nos surpreender ao descobrir que o antiamericanismo é uma resposta imediata a qualquer conflito que envolva a América, e que suas manifestações mais virulentas ocorrem na própria América. Quanto mais a América é atacada, mais ela será alvejada pelos seus próprios críticos internos. Somente a redução dos EUA à pobreza e à impotência iriam finalmente silenciar pessoas como Howard Zinn e Noam Chomsky: não porque isso seja o que eles querem, mas porque somente assim a culpa seria redundante.

Menciono esses dois últimos pensadores não apenas por sua enorme influência nos últimos anos, mas também porque eles ilustram a forma pela qual a culpa transferida em geral, e a versão antiamericana dela em particular, tem sido útil na defesa das falsas esperanças contra a refutação. Na esteira da década de 1960, a visão de mundo revolucionária, que se assenta sobre as falácias que delineei nesta obra, desfrutou de um triunfo sem precedentes entre os intelectuais. Ela foi capaz de prefaciar o seu credo com uma crítica ao stalinismo, e poucos iriam discordar do que restou, por mais absurdos que ela possa conter em relação à emancipação do proletariado, ao definhamento do Estado ou à derrubada da "dominação" burguesa. Basta dar uma olhada nos textos de Sartre, contidos em *Situações*, que coincidiram com a Guerra do Vietnã, e você rapidamente irá perceber a utilidade do antiamericanismo em permitir que aquele grande pensador ignorasse a história das doutrinas revolucionárias que ele defendia. Alguma coisa semelhante aconteceu mais tarde com o desastre do Camboja, quando Chomsky (um pensador tão importante, a seu modo, quanto Sartre) foi capaz de descartar os relatos sobre as atrocidades do Pol Pot como uma farsa do *New York Times*. Ao longo daqueles anos cruciais em que a ameaça comunista raramente havia sido mais alarmante, com a União Soviética e a China fomentando a intranquilidade e minando governos ao longo da Ásia, da África e do Oriente Médio, e quando os Estados Unidos estavam sozinhos tentando conter o que poderia ter sido um desastre de proporções globais, os intelectuais ocidentais estavam desfrutando de uma orgia de antiamericanismo, e os antiamericanos mais notáveis eram celebrados onde quer que escolhessem discursar – e em nenhum lugar mais do que nas universidades da América.

Não digo que suas críticas estivessem totalmente erradas. Ao contrário, frequentemente eles tocaram no ponto certo. Essa verdade ocasional, contudo, era um efeito colateral que não tinha nenhuma influência no propósito disfarçado, que não era o de descobrir a verdade sobre nós mesmos, mas o de esconder a verdade sobre o nosso inimigo. Os antiamericanos não reconheciam a validade de nenhum ponto de vista contrário, não reconheciam nenhuma virtude no sistema político americano que lhes permitisse criticá-lo internamente enquanto desfrutavam de todos os privilégios estabelecidos sem jamais convidar os seus oponentes para um debate. Seu propósito era o de esconder a verdade sobre as políticas revolucionárias, sobre o socialismo, sobre os movimentos de libertação e as táticas terroristas que, se fossem mais bem conhecidos, justificariam a maior parte das intervenções que a América tentou fazer.

A terceira estratégia para evitar a verdade é uma que teve tal impacto nas universidades, que as questões reais que confrontam as sociedades modernas são agora raramente debatidas em nível acadêmico. A estratégia envolve não a defesa de uma determinada posição, mas sim sua dissimulação dentro de uma cidadela fortificada de disparates, de um tipo projetado para acusar o crítico de ignorância ou de falta de capacidade lógica. Naturalmente, o disparate encontrou seu ambiente na academia praticamente desde a época em que Platão a iniciou. Mas ela também tem sido alvo de sátira: desde Abelardo e Averróis até Schopenhauer e Lewis Carroll, a incoerência acadêmica tem sido criticada internamente pela própria academia com a mesma verve com que ela tem sido espezinhada pelo resto de nós.

Nos anos de 1960, porém, um tipo totalmente novo de disparate entrou em cena, produzido pelos gurus radicais para consumo dos jovens revolucionários. Essa espécie de disparate novinha em folha foi quase que instantaneamente adotada pelos professores – que não admitiriam ser suplantados em seu zelo revolucionário pelos seus estudantes – e foi colocada na base do currículo pós-moderno. A partir desse momento, as confusões intelectuais mais espantosas puderam ser propagadas nas universidades e – desde que pudessem soar impecavelmente como sendo de esquerda em suas implicações – foram imediatamente colocadas além da crítica.

Como a maioria das revoluções, esta começou em Paris. Os jovens revolucionários que conheci em 1968 tinham uma obsessão por Louis Althusser, cuja obra *Pour Marx* é lida como uma invocação litúrgica ao diabo, composta por alguém que está pinçando frases incompreendidas de uma má tradução de *Das Kapital*. Aqui está uma passagem representativa:

> Essa não é apenas a sua situação *em princípio* (aquele que ocupa na hierarquia dos casos em relação ao caso determinante: na sociedade, a economia) nem apenas a sua situação *de fato* (seja ela, na fase sob consideração, dominante ou subordinada), porém, *a relação dessa situação de fato com essa situação em princípio*, ou seja, a própria relação que faz dessa situação de fato uma *variação da – "invariante" – estrutura, no domínio, da totalidade.*

Pour Marx é composto inteiramente por essas caixas de vazio fortificado. Não é surpreendente que os discípulos de Althusser só conseguissem concordar, naquela época, com o significado do título: Althusser era definitivamente a favor de Marx, não contra ele. Ora, se tivesse sido contra Marx, ele teria sido recebido com o escárnio que merecia. Da maneira que era, ele foi imediatamente adotado como uma autoridade fundamental do novo currículo, alguém cujo trabalho tornou-se instantaneamente imperativo discutir. Sua própria incompreensibilidade era uma garantia de sua relevância. Somente alguém que tivesse "compreendido todas as pretensões" poderia escrever assim!

Na esteira de Althusser surgiu uma torrente de trabalhos inacreditavelmente absurdos gerados pelo ventre da história, que naquela ocasião estava situado no jornal de esquerda *Tel Quel*. Esse jornal publicou ensaios de Derrida, Kristeva, Sollers, Deleuze, Guattari e milhares de outros, todos eles produtores de lixo intelectual, nos quais só havia um aspecto claramente compreensível, que era o seu caráter de "subversão" revolucionária. Seu estilo messiânico, em que as palavras são lançadas como feitiços mais do que como argumentos, inspirou inúmeros imitadores nos departamentos de ciências humanas das universidades de todo o mundo ocidental. Agora sim, todo mundo pode ser um pensador! Não era mais necessário ter uma ideia própria, ou ter estudado como expressar pensamento real e emoção utilizando cuidadosamente as palavras. Você poderia simplesmente escrever assim:

> Dentro daquela economia conflitante do discurso colonial que Edward Said descreve como a tensão entre a visão sincrônica panóptica da dominação – a demanda por identidade, estase – e a contrapressão da diacronia da história – mudança, diferença – o mimetismo representa um compromisso *irônico*. Se me permitirem adaptar a formulação de Samuel Weber da visão marginalizada da castração [...]

Ou então assim:

> A rememoração do "presente" como espaço é a possibilidade do imperativo utópico do não lugar (particular), o projeto metropolitano que pode suplementar a tentativa pós-colonial da catexe impossível da história com ênfase no local como a perda de tempo do espectador [...]

Essas duas citações de autores que são catedráticos de universidades da prestigiada Ivy League americana ilustram o que se tornou a língua franca nas faculdades de ciências humanas: jargão entremeado de chavões. Em seu trabalho importante *Fashionable Nonsense*, Alan Sokal e Jean Bricmont destacaram alguns desses contrassensos.[7] Porém, sem produzir nenhum efeito. Mesmo o artigo-paródia publicado por Sokal na revista *Social Text*, propositalmente feito para expor a fraude intelectual da nova fala subversiva, deixou o cenário intelectual inalterado. A montanha de disparates ficou alta demais para ceder espaço para o bom senso, por mais energicamente que o usemos. De qualquer forma, Sokal e Bricmont, que se definem como esquerdistas desapontados com a traição intelectual de suas crenças, não conseguem compreender que essa é a essência da esquerda.

---

[7] Alan Sokal e Jean Bricmont, *Fashionable Nonsense: Postmodern Intellectuals' Abuse of Science*, New York, Picador, 1998; publicado na Grã-Bretanha como *Intellectual Impostures*, London, Profile Books, 1997. [Em edição brasileira: Alain Sokal e Jean Bricmont, *Imposturas Intelectuais*. Trad. Max Altman. Rio de Janeiro, Record, 1999. (N. E.)]

A melhor forma de se criar uma ortodoxia de esquerda na academia é fortificar a posição de esquerda com contrassensos blindados: pois aí a crítica torna-se impossível.

Parece-me que é somente como esquerdistas que escritores como Derrida, Kristeva e seus sucessores mais recentes, tais como Luce Irigaray e Hélène Cixous, devem ser lidos. E seus disparates, citados em notas de rodapé e referidos em mil jornais acadêmicos – sendo o *Modern Language Review* o mais influente deles –, agora foram armazenados em quantidades "augianas"[8] sobre todo o espaço disponível do currículo. O resultado desse esforço combinado para tornar a posição esquerdista inexpugnável constituiu-se em um desastre intelectual comparável ao incêndio da biblioteca de Alexandria, ou ao fechamento das escolas da Grécia.

E o desastre continua. Jovens podem ter agora pouco tempo para as "teorias" da gurucracia parisiense; porém, seus envelhecidos professores, que fizeram suas carreiras com artigos sobre a prova apresentada por Derrida, um tanto conveniente demais, de que o significado é impossível e tudo é metáfora linguística (sim: literalmente!), ou a igualmente importante prova de Irigaray de que $E = MC^2$ é uma "equação sexista", não possuem nada mais para oferecer a eles. A verdade, a validade e o conhecimento foram varridos do currículo pelos textos sagrados do currículo pós-moderno, e em seu lugar foi colocado o contrassenso. E por trás desse contrassenso jaz a eterna promessa perniciosa da libertação – a libertação não da verdade e da razão apenas, mas do próprio pensamento da comunidade humana como alguma coisa mais importante do que você mesmo.

Isso, para mim, é uma das formas mais interessantes de falsa esperança que emergiu nos tempos recentes. Os professores das faculdades de ciências humanas aprenderam com os seus mentores franceses que

---

[8] O autor está fazendo uma referência à mitologia grega: as famosas cavalariças do Rei Augias, que estavam repletas de estrume, cuja limpeza foi um dos doze trabalhos de Hércules. (N. T.)

há uma forma de escrever que sempre será considerada "profunda", desde que ela seja: (a) subversiva e (b) ininteligível. Desde que um texto possa ser lido, de alguma forma, *contra* o *status quo* da cultura e da sociedade ocidental, minando suas alegações de autoridade ou verdade, não importa que ele seja um lixo. Ao contrário, isso é apenas uma prova de que seu argumento opera em um nível de profundidade que o torna imune à crítica.

Naturalmente, não é apenas o esquerdismo moderno que vem recorrendo à estratégia hermética como forma de proteger suas ilusões. A disciplina original da teologia foi pródiga em contrassensos, e a ciência hermética da alquimia forneceu uma versão mais secular dela, que Ben Jonson adequadamente satirizou em *O Alquimista*. Sempre que objetivos impossíveis e doutrinas inacreditáveis ocupam um lugar na psique humana, oferecendo esperanças espúrias e soluções artificiais, os jargões ininteligíveis alçam asas, aguardando o seu momento. Todas as revoluções fazem uso deles; e praticamente não existe nenhuma religião que não tenha os seus místicos errantes, cujo papel é proteger a mensagem tornando-a ininteligível. Porém, as religiões possuem outra, e mais eficaz, defesa, que é a acusação de heresia e as punições que tal acusação propicia. E não são apenas as religiões que se defendem dessa forma, e é apropriado concluir este capítulo com um exemplo moderno, uma vez que ele está ligado ao grande silêncio que jaz no coração das comunidades modernas, cujo principal problema tornou-se não passível de discussão.

"A espécie humana não pode suportar tanta realidade", disse T. S. Eliot. Essa não é uma de suas melhores frases, mas ele a usou duas vezes – em *Crime na Catedral* e em *Quatro Quartetos* – e em ambos os textos sua prosaica falta de ritmo reforça seu sentido, relembrando-nos de que nossas exaltações são coisas inventadas, e que preferimos fantasias inspiradas a fatos sóbrios. Enoch Powell não era diferente, e sua fantasia inspiradora da Inglaterra fez com que ele se dirigisse a seus conterrâneos como se eles ainda desfrutassem dos benefícios de uma educação clássica e de uma cultura imperial. Que absurdo, em retrospecto, era terminar um discurso (feito para os Conservadores de Birmingham em 1968) alertando contra os efeitos da imigração descontrolada com uma citação disfarçada de Virgílio. "Ao contemplar o futuro", Powell disse, "estou tomado de pressentimentos. Como o Romano, eu pareço ver 'o Rio Tibre espumando com muito sangue'". Essas palavras foram dirigidas a uma Inglaterra que havia esquecido a história da *Eneida*, junto com todas as outras histórias tecidas na sua antiga identidade como "o mestre doce, justo e jovial" do mundo – tomando emprestada a frase iluminada de Santayana.[9] Não é nem um pouco surpreendente que as palavras de Powell tenham sido instantaneamente convertidas para "rios de sangue", e seu orador descartado como um louco perigoso. Porém, o discurso de Powell e a reação a ele são merecedores de estudo aqui, uma vez que ilustram o modo pelo qual, em momentos de tensão, quando as ilusões do otimista estão correndo o perigo da refutação, o crítico é reavaliado como o inimigo de dentro. Ele não é aquele que está defendendo uma posição rival. Ele é aquele que está se sobressaindo na multidão como a vítima sacrificial. Ele é o bode expiatório, cuja aniquilação é alegremente executada, como a prova muito necessária de que minhas ilusões são invulneráveis, uma vez que são *compartilhadas*.

De fato, é a sibila de Cumas que profere aquela profecia no Livro VI da *Eneida*, e apesar de ela estar antevendo os problemas oriundos da imigração, ela está mesmo se referindo aos problemas sofridos por um imigrante. O imigrante em questão – Eneias – viaja à Itália chefiando uma determinada comitiva, carregando seus deuses domésticos e um direito divino de residência. Sua intenção de se radicar não será tolerada, e se isso significa "guerras, guerras horrendas", então que seja assim. Os imigrantes modernos, em geral, não se comportam

---

[9] George Santayana, "The British Character". In: *Soliloquies in England and Later Soliloquies*. London, Constable, 1922.

tão mal. Eles não precisam fazer isso. Ainda assim, tal como Eneias, nossos imigrantes vêm trazendo consigo seus deuses domésticos. Tal como Eneias, eles vêm com uma intenção intolerável de construir um lar para si. E se seus deuses não gostam dos rivais locais, eles logo deixarão esse fato ser conhecido. Tais previsões como as que Powell fez em seu discurso, relativas ao desequilíbrio demográfico, à transformação das cidades industriais em guetos, e à escalada do ressentimento entre a classe operária local, tornaram-se realidade.[10] Somente a profecia sibilina não acertou o alvo. Mesmo assim, os atentados a bomba de Londres e Madri e o assassinato de Theo Van Gogh são vistos por muitos europeus como uma amostra do que está por vir. Agora é evidente que, no debate sobre a imigração, naqueles últimos dias que restavam, quando ainda era possível fazer alguma coisa, Enoch Powell estava muito mais próximo da verdade do que aqueles que instantaneamente o demitiram de suas funções, e que se asseguraram de que essa questão fosse discutida dali para frente, se é que seria, apenas através da condenação do "racismo" e da "xenofobia" daqueles que pensam como Powell. Quanto ao racismo e à xenofobia dos que estavam chegando, eram indiscerníveis à consciência liberal, que nunca foi capaz de compreender que o liberalismo é um *estado de espírito incomum.*

Quando Powell fez seu discurso, muitos políticos britânicos estavam familiarizados com a Bíblia e com os clássicos gregos e romanos; eles só poderiam contestar a base factual da profecia de Powell se tirassem da cabeça o que tinham todas as razões para conhecer, ou seja, que muitos dos recém-chegados ao Reino Unido não estariam familiarizados com os valores liberais, estariam ligados a suas próprias comunidades, desconfiados em relação à cultura hospedeira e ansiosos para se isolar, junto com seus filhos, dessas influências. Diante dessas verdades manifestas, nossa classe política recorreu a

---

[10] Ver Geoff Dench e Kate Gavron, *Lost Horizons*. London, 2006.

um "duplipensar". Assim como a Rainha Branca em *Alice Através do Espelho,* eles praticaram a arte de acreditar em seis coisas impossíveis antes do café da manhã, incluindo a proposição de que muçulmanos devotos oriundos dos confins da Ásia produziriam filhos leais a um Estado europeu secular.

Essa fuga da realidade não é uma característica nova da vida política. Sempre é mais fácil transferir um problema para seus sucessores do que você mesmo enfrentá-lo e, quando o problema é intratável, o "duplipensar" logo irá apagá-lo, assim como Hitler foi eliminado do pensamento dos pacifistas, e o Gulag, do mapa político dos ativistas pela paz. E nem mesmo os presidentes americanos são mais realistas do que nós. Quando a embaixada em Teerã foi invadida e cidadãos americanos foram feitos reféns, o presidente Carter optou por não notar aquilo que foi, certamente *de facto* e provavelmente *de jure,* uma declaração de guerra. Essa atitude poderá se transformar no erro mais caro cometido pelos americanos no Oriente Médio. Assim como silenciar Enoch Powell demonstrou ser mais caro do que qualquer outra política interna do pós-guerra no Reino Unido, uma vez que assegurou que a imigração só pudesse ser discutida agora, quando é tarde demais para fazer qualquer coisa a respeito ou para restringi-la apenas àqueles que vêm com um espírito de obediência em relação à lei nacional.

Naturalmente, o próprio Powell estava fora da realidade – a realidade da sociedade britânica tal como ela se apresentava em 1968. Sua invocação de Virgílio caiu em ouvidos moucos ou, melhor dizendo, em ouvidos que só prestaram atenção à palavra "sangue". Sua sintaxe formal, que soava como o Livro de Oração Comum da Igreja Anglicana e era rica em alusões a uma história que quando era publicamente lembrada, se tanto, o era somente como objeto de troça, criou a impressão de um patriarca em alguma peça eduardiana, desfilando na frente do palco enquanto sua filha desobediente namora, despercebida, no fundo.

A verdade, acreditava Platão, é o negócio da filosofia, porém é a retórica, não a filosofia, que agita a multidão. Então, como podemos proteger as pessoas de erros fatais como os que levaram Atenas ao conflito com Esparta, ou aqueles que, muito mais tarde, conduziram os alemães, hipnotizados por Hitler, a uma guerra igualmente suicida? Platão queria que os filósofos fossem reis, mas ele não acreditava que eles seriam ouvidos: as palavras dos filósofos soariam estranhas e ambíguas, e seus olhos seriam desviados das emergências presentes limitadas pelo tempo rumo à estratosfera das verdades eternas. Entretanto, entre os recursos retóricos que seriam necessários para se governar, ainda é possível distinguir as mentiras nobres das negativas ignóbeis. A mentira nobre é a inverdade que abriga uma verdade, o mito que mapeia a realidade. Era com esse ânimo que Platão justificava as histórias dos deuses e de suas origens. Essas histórias inspiram as pessoas a viver como se estivessem mais próximas da fonte das coisas, e a descobrir em si mesmas as virtudes que existem apenas quando encontramos nosso jeito de acreditar nelas.

No projeto platônico das coisas, a visão de Powell acerca da Inglaterra deveria ser encarada como uma mentira nobre. Ele estava exortando os seus compatriotas a *viver em função* de alguma coisa, e essa coisa era uma imagem ideal de seu país, moldado pelo mito no estilo de Hesíodo. A Inglaterra dos sonhos de Powell era formada por feitos heroicos e por costumes imemoriais; por rituais sagrados e ofícios solenes cujos significados eram inescrutáveis de qualquer ponto fora do contexto social que os definia. Ao fixar seu olhar nessa visão, o povo britânico de alguma forma estaria se aperfeiçoando, e estabelecendo o seu direito sobre o território ancestral. No lugar dessa visão nobre, porém, eles receberam uma mentira ignóbil. A comunidade multicultural que emergiu não criaria o lugar para uma obediência comum, uma lealdade comum ou uma história compartilhada: ela iria inevitavelmente privar o povo britânico de seu legado geográfico, cultural e político. E, ainda assim, eles escutavam que isso não iria prejudicá-los, e que eles inclusive seriam beneficiados, uma vez que ela iria injetar energia, variedade e juventude a uma velha e cansada ilha.

Foi impossível discernir no estilo férreo, na sintaxe carregada de ancestralidade e no olhar fixo e inexpressivo de Powell se ele realmente acreditava na nação que descreveu em sua arenga monótona. No final das contas, entretanto, sua sinceridade e seus motivos tornaram-se irrelevantes. Colocaram-no no papel de profeta do Antigo Testamento – um papel que combinava com o seu nome e o tornava adequado para servir de bode expiatório.[11]

A perseguição de Enoch Powell, portanto, assumiu um caráter de retidão que permitiu que ele fosse silenciado sem peso na consciência e sem prestar atenção às preocupações que ele vocalizou. Aqueles que estavam na vanguarda da caça às bruxas eram vozes confortáveis do *establishment* liberal, pessoas que haviam sentido bem no meio de suas vísceras o peso das observações de Powell. Eles tiveram que fazer de Powell a vítima sacrificial, não porque ele ameaçasse seus interesses materiais, mas sim porque ele ameaçava uma coisa muito mais importante – as suas ilusões.

Isso ilustra um ponto mais genérico. O sacrifício ritual pode ter um efeito redentor e renovador. Porém, esse efeito ocorre porque a vítima desafiou algum aspecto do ordenamento divino das coisas. Sua punição é vista como vinda das alturas, daquele deus cuja regra ele desafiou, e que está agindo agora para dar prova de sua realidade e de sua retidão.[12] Esse é o aspecto do sacrifício ritual que sobreviveu até os nossos tempos e que testemunhamos mais vividamente nos julgamentos públicos de Moscou e nos "esforços" da China maoista, em que as vítimas entusiasmadamente confessavam os seus crimes antes de ser executadas como se isso ocorresse a pedido delas mesmas,

---

[11] Ver René Girard, *Le Bouc Émissaire*. Paris, Grasset, 1982. [Em edição brasileira: *O Bode Expiatório*. Trad. Ivo Storniolo. São Paulo, Paulus, 2004. (N. E.)]

[12] Esse, por exemplo, é o destino do Rei Penteu em *As Bacantes*, de Eurípides.

como o touro sacrificial dos gregos, que supostamente acena com a cabeça, aquiescendo, quando o machado que está prestes a cair.

O caso de Powell ilustra outro estratagema de desvio da verdade, que é acusar a vítima do ódio do qual ela é o alvo. Aqueles que caçaram Powell sabiam que havia ódio no ar; mas eles estavam certos de que eles próprios não eram a sua causa. Eles estavam agindo para "estampar" um ódio que sua vítima havia introduzido. E eles apoiaram a acusação com o rótulo mais horrível que puderam colocar nele – o rótulo de "racista", que se tornou em nossa era o equivalente ao de "bruxa" na cidade de Salem do século XVII. Em todas as causas às quais os otimistas inescrupulosos aderem há uma tendência de acusar os oponentes de "ódio" e de "discurso de ódio", embora esses oponentes sejam eles próprios o alvo desse ódio, e não a sua fonte. Os opositores do casamento gay na América regularmente recebem e-mails ameaçadores denunciando-os pelo "ódio" que eles estão propagando.[13] Duvidar da equivalência entre o sexo gay e o casamento heterossexual é evidenciar "homofobia", o equivalente moral do racismo que levou a Auschwitz. Da mesma forma, a crítica pública ao Islã e aos islamitas é um sinal de "islamofobia", agora transformada em crime no direito belga; e leis contra discursos que incitem o ódio fazem parte dos livros estatutários de muitos países europeus, tornando a mera discussão de questões que são da maior importância para o nosso futuro um crime. O ponto importante aqui não é o acerto ou o engano das atitudes denunciadas, e sim o hábito de atribuir ao acusado o ódio sentido pelo acusador. Esse hábito encontra-se profundamente arraigado na psique humana e pode ser testemunhado em todas as caças às bruxas documentadas por Mackay e outros.[14]

---

[13] Ver os casos reunidos (e deplorados) pela organização americana Gaypatriot em seu website (www.gaypatriot.net).

[14] Charles Mackay, *Extraordinary Popular Delusions and the Madness of Crowds*. London, Office of the National Illustrated Library, 1852.

Portanto, embora os exemplos que apresentei neste capítulo sejam controversos e possam ofender os brios de algumas pessoas, é importante considerá-los, uma vez que eles exibem hábitos defensivos que ainda estão conosco. Agora, tal como no passado, esses hábitos servem para desviar nossas decisões coletivas do ceticismo razoável que é necessário, e colocar uma falsa esperança em seu lugar. E nem são apenas os otimistas que cultivam esses hábitos. Onde quer que um modo de vida tenha sido construído sobre uma crença falsa ou questionável, as defesas que discuti neste capítulo serão invocadas na defesa de seus crentes. A história de todas as religiões testemunha isso. E mesmo as visões de mundo pessimistas defender-se-ão de desafios de forma similar. Os crentes mais passionais no aquecimento global e na mudança climática catastrófica exibem essa característica, advogando falso conhecimento especializado, perpetrando caças às bruxas contra os que discordam, como Bjørn Lomborg, e adotando o contrassenso como garantia de profundidade.[15] Não há nada de surpreendente nisso. A própria ciência, no relato bem conhecido de Thomas Kuhn, reluta em adotar um novo "paradigma", em vez de fazer quaisquer ajustes que sejam necessários para preservar o antigo.[16] A despeito de tudo, ela avança, e a refutação ainda é o instrumento primário do avanço científico. As afirmações que apresentei neste capítulo destinam-se precisamente a transferir uma crença do domínio da refutação para o falso porto seguro de um estilo de vida. E nenhum porto parece tão seguro contra as tempestades intelectuais do que o porto das falsas esperanças.

---

[15] Um exemplo notável desse contrassenso é o chamado "Princípio Cautelar", que proíbe tudo e, portanto, nada, e que é ritualmente apresentado como a justificativa para qualquer pânico que possa afligir seus militantes. Ver Roger Scruton, "The Cult of Precaution". *National Interest,* jun. 2004.

[16] Thomas Kuhn, *The Structure of Scientific Revolutions.* London/Chicago, The University of Chicago Press, 1962. [Em edição brasileira: Thomas Kuhn, *A Estrutura das Revoluções Científicas.* Trad. Beatriz Viana Boeira e Nelson Boeira. São Paulo, Perspectiva, 1998. (N. E.)]

Capítulo 10 | Nosso Passado Tribal

Um velho estratagema da filosofia, utilizado poderosamente por Bodin, Hobbes, Locke e Rousseau, é a experiência mental que imagina os seres humanos emergindo de um "estado de natureza" mediante a adesão conjunta a um contrato, e dessa forma estabelecendo as instituições do governo. O "contrato social" teve uma influência fora de todas as proporções quanto a sua plausibilidade como história, uma vez que nos permite representar as obrigações da sociedade civil como se elas tivessem uma origem e pudessem ser traduzidas em termos contratuais. Porém, como Hume e Hegel observaram de maneira muito diferente, a habilidade de celebrar contratos pressupõe capacidades tais como o uso da língua e um senso de obrigação e de reconhecimento dos outros que não existe no estado de natureza, e que passa a existir somente com o "nós" abrangente da sociedade civil. Os relatos filosóficos tradicionais de nossas origens primitivas são mitos – formas em que a nossa condição civilizada é levada até a pré-história, para que possamos perguntar-nos como estaríamos se nos livrássemos de todas as instituições civis.

Em vez de construir um "estado de natureza" imaginário, proponho que pensemos em termos mais científicos sobre o que pode de fato ter acontecido nos primeiros anos de nossa espécie, quando foram adquiridos hábitos de pensamento que eram benéficos para os nossos ancestrais necessitados e os ajudavam a enfrentar aqueles dias difíceis. Tentarei imaginar como as coisas eram quando as pessoas não haviam saído de seus grupos tribais para formar sociedades organizadas compostas por estranhos, e quando os contratos e as negociações eram praticamente desconhecidos. Considere, então, uma pequena tribo de caçadores-coletores que havia avançado em um novo território em busca de comida. Eles não tinham nenhuma lei, e todas as disputas eram resolvidas pelo chefe do grupo, cujo título fora estabelecido por meio de demonstrações de força. É ao chefe que eles se dirigem em busca de orientação e liderança, e porque suas vidas são inteiramente dependentes de sua boa vontade, eles o obedecem em todas as emergências, sem pensar. E emergências existem para tudo que é lado, não apenas na forma de animais selvagens, escassez e clima inclemente, mas também, e mais importante ainda, na forma de tribos concorrentes, uma das quais está tentando conquistar exatamente o mesmo território de caça. Uma situação dessas não corresponde ao estado de natureza descrito por Hobbes; e também não apresenta os "bons selvagens" do tipo postulado por Rousseau. Porém, é como os nossos ancestrais da era do Pleistoceno são frequentemente descritos por aqueles que estudaram as evidências.

Em tais circunstâncias, existe muito pouco espaço para a atitude que examina a nossa condição social partindo do exterior, e encoraja a tomada de decisões coletiva e a reflexão sobre o que é fixo e inalterado no estado humano. Não há segurança ou lazer que permita às instituições e às leis surgirem como resíduos dos acordos humanos. As decisões tomadas com relação à tribo são feitas pelo chefe, cujo "eu" é também o "nós" da comunidade. Em todas as lutas e caçadas, a liderança do chefe é decisiva, e a comunidade resiste por meio da obediência a sua vontade. Aqueles que fazem perguntas inconvenientes não têm nenhuma utilidade para a comunidade, que se encontra engajada em uma luta de vida e morte que depende da capacidade decisória e da certeza para ser vencida. O pensamento do chefe é o pensamento da tribo, e no conflito com seus rivais a tribo necessita de uma coisa acima de tudo, que é a convicção prévia de seu próprio sucesso. Um chefe com dúvidas é aquele que está fadado a desaparecer. Somente aquele que ignora os riscos e ousadamente arrisca seu território será um líder confiável, e é o pensamento de um líder desse tipo que ficará gravado nos cérebros daqueles que sobreviverem.

O que em nossas circunstâncias pode ser criticado como a falácia da melhor das hipóteses será, nessas condições primitivas, um hábito mental indispensável. Em uma luta de vida e morte não há uma pior hipótese para considerar: ou você tem êxito ou morre; mirar na melhor hipótese é o único curso de ação coerente, e se preparar para a pior hipótese equivale a não se preparar para nada. A solução para todos os problemas estratégicos é a confiança, e aqueles que fazem a tribo lembrar do custo do fracasso, que é a extinção, não acrescentam nada à sabedoria coletiva exceto o medo paralisante da morte.

A tribo agirá como um único "eu" coletivo, buscando acima de tudo território, preocupada constantemente em aumentar seu espaço e limitar o de seus rivais. Ela será motivada por um medo primitivo das limitações impostas por terceiros. De forma alguma a tribo é livre, como nós; graças aos costumes e às instituições, somos livres; ela ainda não terá a habilidade de iniciar negociações com seus rivais, ou de encerrar disputas por meio do direito e dos tratados. Tais coisas vêm somente mais tarde, após a luta de vida e morte ter sido transcendida – em algo como a forma imaginada por Hegel. Isso significa que a tribo encarará a ordem consensual com incompreensão: tudo o que ela conhece é o comando de um único "eu", um "eu" internalizado por cada um de seus membros para se tornar a consciência coletiva da comunidade. O resíduo dessa situação, na mente das pessoas nascidas nas comunidades civilizadas, encontra-se possivelmente na raiz da falácia do nascido livre – a sensação de uma condição original não perturbada por compromissos, instituições ou leis. Naquela era de inocência não existia a atitude do "nós" para anular o "eu" primordial do conflito tribal, e colocar a negociação e a prestação de contas em seu lugar. Havia uma pureza sem culpa e uma clareza de motivos. Naturalmente, aquela condição original não era de liberdade, como defendi. Ela era uma condição de submissão – porém, uma submissão sem os laços do direito e do compromisso, uma inocência primordial em que as responsabilidades nunca surgiam.

As lutas de vida e morte são jogos de soma zero, e tudo o que afeta o autointeresse coletivo da tribo será visto nesses termos. O meu prejuízo é o lucro do outro, e o prejuízo dele é o meu lucro. Ainda não surgiu a situação em que eu me beneficio com o benefício dos outros, e em que podemos celebrar acordos que são bons para todos os que os celebram. Na luta primordial, portanto, o pensamento da soma zero será a norma. Isso será verdade não apenas nas relações com o inimigo, mas também em termos de controle interno. Na divisão da pilhagem, meu ganho será sempre a perda de alguém, e a divisão do butim será sempre uma preocupação primária de todos. Aquele que recebe mais – seja por meio da força, seja como recompensa – impõe portanto uma carga aos outros. E isso será a norma em todas as distribuições conduzidas sob as circunstâncias dos caçadores-coletores, em que o produto não é criado, mas sim encontrado.

Os antropólogos algumas vezes rastrearam a perspectiva igualitária nas condições do caçador-coletor.[1] Duvido de que tais especulações sejam uma explicação suficiente para esse hábito de pensamento. Ainda assim, podemos supor que nas condições do caçador-coletor o pensamento de soma zero será a norma em todos os conflitos, externos ou internos, e que isso afetará a ordem social da tribo.

Quando a primeira pessoa do plural é absorvida pelo "eu" da liderança, a resposta imediata às emergências é depositar a confiança em um plano coletivo. O plano demanda um objetivo (território, butim, etc.) e uma estratégia para alcançá-lo conjuntamente. Esse será o modo

---

[1] Ver, por exemplo, J. Itani, "The Origin of Human Equality". In: M. R. A. Chance, *Social Fabrics of the Mind*. London, Lawrence Erlbaum, 1988.

normal de pensamento em toda a tribo, sempre que a comida escasseie ou que o rival se torne uma ameaça. Não há nem tempo nem descanso para a mão invisível, e as soluções consensuais de lenta formação serão raras e, por sua própria natureza, mal adaptadas para a emergência sempre presente. O que para uma comunidade assentada e cumpridora das leis é o único caminho para a tomada de decisões racionais será, para a tribo assediada, uma forma garantida de desastre. Portanto, a mentalidade de planejamento será a soma da política, o único recurso em todas as áreas em que a sobrevivência coletiva está em jogo.

Igualmente inevitável, nas circunstâncias, será o hábito de agregar bens. A perspectiva de longo prazo – que permite que as pessoas comparem um bem com outro, escolham entre bens e reconheçam a natureza parcial de todas as nossas satisfações – não estará disponível. Como em uma guerra, cada objetivo atingido é uma adição à salvação coletiva, e a tribo irá imediatamente se fixar em alguma coisa digna de ser buscada tão logo ela seja acrescentada à agenda compartilhada. Um princípio de agregação governará, portanto, todas as escolhas múltiplas, e aquilo que, em nossas circunstâncias, equivale a uma falácia destruidora será o caminho normal rumo a qualquer território que se apresente.

A tribo primitiva tem uma forte concepção das necessidades que governam tudo o que ela faz. Sua passagem pelo mundo é de fuga incessante da morte, da doença e da fome, em que o bom está sempre no porvir e o mau sempre no passado. Inevitavelmente, o "eu" coletivo adotará uma visão unidimensional de seu destino, vendo a si próprio como empurrado para diante por forças com as quais é prudente estar alinhado. Existe um espírito móvel, um destino inexorável, que governa o mundo, e o plano válido é aquele que se alinha com a vontade do espírito móvel. O apaziguamento desse espírito será uma característica central na religião tribal, e a crença paradoxal de que nossas decisões também precisam coincidir com a força do destino será onipresente.

Naturalmente, apesar dessas circunstâncias difíceis, haverá espaço para dissensão e ceticismo. A tribo contará com profetas que alertarão contra a debandada louca rumo ao futuro, que tentarão moderar o pensamento unidimensional do líder, e que reconhecerão a fugacidade dos objetivos da tribo alimentados pela emergência. Todas as dúvidas e os traumas da tribo serão levados a esses profetas. Todos aqueles conflitos que foram, por necessidade, suprimidos, uma vez que não existem instituições que lhes permitam vir à tona para ser resolvidos, serão responsabilidade do profeta; ele será identificado como estando fora da tribo, sem direito aos benefícios recebidos pelos que a ela pertencem. Ele, portanto, fornecerá à tribo uma oportunidade valiosa de sacrifício livre de culpa. Ele sacrificou a sua vida, e uma grande purgação de dúvida e hesitação ocorrerá quando ele for morto – talvez no altar daquele deus que representa o próprio espírito móvel pelo qual as puras intenções do "eu" coletivo são guiadas.

Alguns desses mecanismos foram postulados por René Girard, como a fonte da qual o sentido do sagrado deriva.[2] Uma sociedade sem direito estabelecido ou sem instrumentos de negociação será marcada por conflitos, já que rivais poderosos imitam os apetites e os poderes uns dos outros. A vítima sacrificial é escolhida porque ela se colocou fora da ordem social: ela é aquela que temos o direito de matar, e cuja morte não dará início ao ciclo de vingança uma vez que todos a querem. Porém, não precisamos acompanhar Girard até o fim para reconhecer a necessidade que certamente surgirá, nas condições de otimismo forçado que são as únicas garantias de sobrevivência da tribo, do bode expiatório cuja morte eliminará as dúvidas acumuladas.

Minha descrição da comunidade primordial é especulativa e despojada de detalhes. Porém, parece-me que ela apresenta contornos

---

[2] Ver René Girard, *La Violence et le Sacré*. Paris, Grasset, 1972; e *Le Bouc Émissaire*. Paris, Grasset, 1982. [Em edições brasileiras: *A Violência e o Sagrado*. Trad. Martha Gambini. São Paulo, Paz e Terra, 2008; e *O Bode Expiatório*. Trad. Ivo Storniolo. São Paulo, Paulus, 2004. (N. E.)]

de verdade. E gera uma conclusão um pouco deprimente: a de que as falácias que identifiquei neste livro, como subjacentes às loucuras de nossa era, não são novas adições ao repertório da loucura humana, e sim os resíduos das tentativas honestas de nossos antepassados de fazer as coisas direito. Elas representam processos mentais que foram selecionados nas lutas de vida e morte por meio das quais as sociedades assentadas acabaram surgindo. Portanto, não é surpreendente que hoje elas definam a posição-padrão à qual o pensamento retorna sempre que o futuro nos apresenta suas exigências. Isso seguramente é parte da explicação para o fato, de outra forma, extraordinário, de que a perspectiva dos otimistas inescrupulosos não pode ser retificada por argumentos, já que eles se cercam de muralhas inexpugnáveis contra a verdade e convocam todas as esferas de influência disponíveis de forma a tornar perigoso questionar suas ideias.

À luz de tudo isso, você poderá pensar que não há, afinal de contas, nenhuma utilidade para o pessimismo, e que a tentativa de inserir o vírus precioso da dúvida no sistema imunológico blindado da ideia progressista está fadada ao fracasso. No que segue adiante, porém, tentarei sugerir que há razão, de fato, para a esperança. O otimismo, do tipo que critiquei neste livro, luta para se defender contra as novas realidades pós-Pleistocenas. É o outro lado de um tipo de desespero existencial, uma vontade de se retirar das complexidades da grande sociedade e se transferir para a simplicidade primordial da tribo não diferenciada. Ela expressa um tipo de desconfiança da humanidade, uma inabilidade em permitir que possamos fazer a nossa natureza original avançar e criar um "nós" flexível, razoável e caridoso, que não é um "eu" coletivo de forma alguma, mas o subproduto da liberdade individual. Porém, essa desconfiança é infundada. O mundo é, de fato, um lugar muito melhor do que os otimistas admitem: e é por isso que precisamos do pessimismo.

Capítulo 11 | Nosso Presente Civil

O povo que andava nas trevas viu uma grande luz, uma luz raiou para os que
habitavam uma terra sombria.

Isaías 9,1

Os psicólogos evolucionistas tentaram nos persuadir de que a chave para a compreensão da psique humana é a adaptação. Ao considerar aqueles traços misteriosos como o altruísmo, a fidelidade sexual e o amor pela beleza como adaptações que favorecem a reprodução de nossos genes, compreendemos sua origem e sua natureza, e podemos ficar tranquilos com a conclusão de que, tal como os outros animais, somos, como Richard Dawkins coloca, "máquinas de sobrevivência" a serviço de nossos genes.

Não digo que essa visão esteja inteiramente errada. Ela é, porém, profundamente enganadora. Pois implica que o comportamento do oficial que salva seus soldados atirando-se ele próprio contra uma granada prestes a explodir deve ser explicado exatamente da mesma forma que o comportamento da abelha na colmeia, que sacrifica sua vida ao aferroar o invasor. Tudo que é distintivo na motivação humana – a consciência da morte, a preocupação com os outros, a superação do medo, o ato do sacrifício pessoal – é deixado de fora nessa explicação, junto com o raciocínio, a educação moral e a consciência social que implantaram tais motivações em nossa alma.[1]

---

[1] Ver, por exemplo, o relato da motivação altruísta feito por Matt Ridley em *The Origins of Virtue: Human Instincts and the Evolution of Cooperation.* Harmondsworth, Penguin, 1996.

Mesmo que essa coisa chamada de altruísmo pelos psicólogos evolucionistas não fosse uma adaptação, e tivesse desaparecido de todas
as outras espécies, os seres humanos ainda assim a exibiriam. Eles
ainda fariam sacrifícios, ainda viveriam em função dos outros, ainda
obedeceriam à lei da ágape, que é implantada neles pela razão e não
precisa de qualquer base biológica para ser real.

É por isso que as comunidades humanas evoluem de forma diferente dos grupos, manadas e colônias de animais. Elas evoluem como
sociedades de seres racionais, ligados uns aos outros pela prestação
de contas, pela amizade e pelo respeito. Elas resolvem seus conflitos
não apenas por meio da força e da intimidação, mas também através
da negociação, do compromisso e das leis. Em certo estágio no desenvolvimento de suas capacidades racionais, nossos ancestrais deixaram
de vagar pelos territórios em busca de seu sustento e assentaram-
-se a fim de produzi-lo. A transição de caçador-coletor para lavrador
foi possivelmente a maior transição que nossa espécie já fez. E, com
base nas escassas informações de que dispomos sobre aquele período
antiquíssimo, ainda podemos vislumbrar o preço que nossos ancestrais pagaram. Deus preferia o presente saboroso da vítima de Abel
ao fruto do pomar de Caim, e por causa desse ressentimento Caim
matou o irmão. O primeiro assassinato foi cometido pelo lavrador,
que tinha rejeitado o laço da irmandade, abjurado o "eu" coletivo da
tribo de caçadores e começou a viver de outra maneira, negociando
com seus vizinhos, defendendo suas fronteiras e lavrando a terra de
sua propriedade. O assassinato do irmão simboliza uma culpa primitiva – a culpa do indivíduo que voltou as costas para a tribo. Esse foi
o *verdadeiro* pecado original. E ele não ficou sem punição. Caim foi
expulso por Deus: seu assentamento lhe foi tomado e Deus lhe disse:
"serás um fugitivo errante sobre a terra" (Gênesis 4,12).

Por trás dessa história sentimos a existência de uma crise prolongada. Não apenas o pecado de abandonar a tribo, mas a incerteza
do assentamento, enquanto a nova raça de lavradores é desenraizada

e expulsa. Um novo mal apareceu no mundo, um mal desconhecido pelo caçador-coletor. Pois ao possuir a terra você se arrisca a perdê--la. O Antigo Testamento é invadido a cada ponto por um tipo de escuridão, enquanto as fazendas, vinhedos e aldeias que desfrutaram brevemente da proteção de Deus são todos destruídos. E apesar disso, através dessa escuridão, vez por outra os raios de luz conseguirão penetrar. Das profundezas do desespero a que os salmistas e os profetas tão frequentemente nos conduzem, levantamos os olhos para ver a cidade brilhante no topo da colina. A cidade também pode ser destruída, e muitos e horríveis são os cercos e massacres sobre os quais o Antigo Testamento presta testemunho. Porém, a cidade permanece como um símbolo – o lugar onde o assentamento é permanente, o direito é confiável e a paz é garantida. O exílio babilônico é o exílio da verdadeira cidade – a cidade que foi nossa, o local de refúgio e o templo de nosso Deus.

Em sua surpreendente obra *The Origin and Goal of History*, o filósofo Karl Jaspers descreve aquilo que ele chama de "era axial": o período entre 800 e 400 a.C., quando, simultaneamente e sem nenhuma comunicação aparente, as comunidades humanas emergiram da escuridão para a autoconsciência e o sentimento de liberdade. Os poemas homéricos, os filósofos pré-socráticos, os profetas do Antigo Testamento; os Upanixades, Lao-Tsé, Confúcio e o Buda: todos eles pertencem à era axial de Jaspers e exemplificam o mesmo despertar espiritual, pelo qual ele fornece uma explicação rápida em termos de concorrência entre estados pequenos e emergentes. Em todos os registros que Jaspers menciona vemos as marcas da mesma transição – das coletividades errantes para indivíduos livres, dos clãs e irmãos de sangue para os vizinhos cumpridores da lei, de uma vida de emergências para uma de culto estabelecido, em que se encontram palavras e rituais para evocar o eterno, o confiável e o verdadeiro. Em outras palavras, constatamos a transição que os psicólogos evolucionistas não conseguem acomodar, do caçador-coletor ao lavrador, e do coletivo tribal à comunidade de indivíduos livres. Essa é uma transição que ocorreu na autocompreensão da humanidade, em que nossos genes desempenharam apenas uma papel subalterno. Você pode descrevê-la, se quiser, como uma adaptação, mas lembre-se de que isso não oferece uma explicação sobre como ela surgiu – somente uma explicação de por que ela não desapareceu.

A cidade entrou na alma da humanidade, e com ela surgiu uma nova perspectiva sobre cada um de nós e sobre os conflitos que a competição acarreta. A cidade não é uma comunidade de irmãos: não é uma tribo ou um clã, mas sim um assentamento, e se ele se divide em partes, elas são definidas como paróquias ou freguesias, como os *contrade*[2] que competem entre si nas festividades do Palio di Siena, ou então como os ofícios e as guildas retratados de maneira festiva por Wagner no último ato de *Os Mestres Cantores de Nuremberg*. A cidade é uma comunidade de vizinhos que não necessariamente se conhecem, mas cujas obrigações são oriundas do assentamento. Um vizinho é aquele que está próximo.[3] Os cidadãos se assentaram lado a lado, e estão ligados por muitos acordos tácitos e explícitos que são celebrados todos os dias. A cidade é o símbolo e a realização da nova forma de sensatez que emerge quando os costumes da tribo são deixados para trás.

Ao discutir a teoria austríaca do mercado, observei a similaridade entre aquela teoria e a abordagem da tradição que foi articulada pela primeira vez por Burke em *Reflexões sobre a Revolução na França*. Ambos os argumentos dependem da ideia de que as soluções racionais para os problemas sociais podem *evoluir*, e que a solução evoluída será sensível às informações concernentes às necessidades e aos desejos de estranhos. Essas informações serão destruídas pelo planejamento imposto de cima para baixo, que avançará rumo a resultados

---

[2] Plural de "contrada", que significa "distrito" em italiano. (N. T.)

[3] De acordo com a etimologia anglo-saxônica, "neighbour" [vizinho] é aquele que "builds nearby" [constrói nas proximidades]. (N. T.)

imprevistos e imprevisíveis, mas sem as informações que poderiam influenciar esses resultados em nome do bem comum. Para Burke, o principal dom da tradição era o estado de espírito que ele chamava de "preconceito", pelo qual ele queria dizer uma forma de pensamento que evoluiu do somatório de experiências das gerações ausentes. O preconceito evita as soluções abstratas e atua como uma barreira contra a ilusão de que podemos renovar todas as coisas, de acordo com algum plano racionalmente idealizado. Ele não é irracional: ao contrário, ele adota um caminho rumo ao bom senso coletivo. O plano racional, em contraste, que introduz um objetivo coletivo onde nenhum objetivo pode ser coerentemente aspirado, e que não pode se adaptar às mudanças nos desejos e nas necessidades dos agentes individuais, será insensato tanto na sua execução quanto no seu propósito. O planejamento pode ser a resposta apropriada para lidar com emergências e conflitos de soma zero, como em uma guerra. Porém, ele não pode resolver os conflitos da sociedade civil, ou dotar o governo de um objetivo.

Esses argumentos, que fornecem o núcleo intelectual de certo tipo de conservadorismo, não são simples movimentos em um debate político. Eles estão apontando para a emergência, nas sociedades históricas, de um novo tipo de racionalidade coletiva – não a racionalidade do "eu" de um líder e seus planos, mas sim a racionalidade do "nós" de uma comunidade consensual. É a essa racionalidade do "nós" que o pessimista cauteloso se refere, ao tentar neutralizar as falsas esperanças. Como argumentei no Capítulo 9, apesar de a humanidade ter herdado defesas ferozes e frequentemente assustadoras contra aqueles que rompem as suas ilusões, a tendência subjacente da civilização, e de fato sua característica definidora, é a de dar uma chance a essas pessoas. A abertura da comunidade à dúvida e à hesitação, a concessão de uma voz ao profeta – esse é o início da sabedoria. E a partir daí emerge um novo tipo de ordem, em que a lei descoberta substitui comandos revelados, a negociação substitui a dominação, e a livre troca substitui a distribuição centralizada de acordo com o plano governante. Essa é a ordem da cidade, e é uma ordem que combina liberdade individual com uma primeira pessoa do plural genuína. Ela é vulnerável ao retorno repentino da racionalidade do "eu" e ao frenesi da soma zero dos ressentidos – e isso testemunhamos a toda hora nos tempos recentes. Porém, ela também tem a habilidade de se manter, através das instituições e dos costumes de uma comunidade livre. Parece-me que nosso atual confronto com os islamitas deveria ter nos despertado para o fato de que existe algo preciso em jogo, e que essa coisa preciosa é justamente aquilo que nos permitiu viver como uma comunidade livre de estranhos, sem nos submetermos às intimidades tribais e aos comandos impostos de cima para baixo. Em conclusão, parece correto rever algumas das características distintivas, tanto institucionais quanto individuais, que tornaram possível para nós viver lado a lado em liberdade, sem revestirmos nossos sentimentos sociais com falsas esperanças que tão frequentemente trouxeram o desastre para a humanidade.

A ordem da cidade não é a da família. É uma ordem da "sociedade civil". Ela não supõe que as pessoas possam concordar com facilidade ou que haja qualquer objetivo único a que elas aspirem. Ela vê as pessoas como irreversivelmente diversas, mas possuidoras, entretanto, da capacidade de viver em paz e de adaptar-se por meio do consentimento e do consenso. Sobre essas fundações cautelosas, foi construído o conceito moderno de cidadania, de acordo com o qual a lei é tornada legítima pelo consentimento daqueles que precisam obedecê-la. Esse consentimento se desenvolve através de um processo político em que cada pessoa participa na produção e aprovação da lei. O direito e o dever de participação é aquilo que chamamos de "cidadania", e a distinção entre as comunidades políticas e religiosas pode ser sumarizada pela visão de que as comunidades políticas são compostas de cidadãos, comunidades religiosas, de sujeitos – daqueles que se submeteram, se "sujeitaram" (que é o significado primário da palavra *islã*). E se quisermos uma definição simples de sociedade civil, seria prudente adotar esse conceito de cidadania como nosso ponto de partida. É isso que os milhões de imigrantes estão buscando pelo mundo afora: uma ordem que confira segurança e liberdade em troca de consenso – uma ordem não de submissão, mas de assentamento.

A comparação com o Islã é pertinente. Durante seus anos de declínio, o Império Otomano fez esforços persistentes para importar a concepção europeia de cidadania e de sociedade civil, e com ela os códigos da lei feita pelo homem que substituiriam a concepção da lei ainda usada pelos ulemás – os sábios e juristas das mesquitas. Para os ulemás, a lei é um comando divino, oriundo das quatro fontes legítimas: o Corão, a suna, o consenso dos sábios e a analogia. Após o colapso do Império, Atatürk destronou os ulemás e moldou a Turquia moderna como um Estado secular, governado pelo direito secular. Uma abordagem semelhante foi adotada em outro lugar no Oriente Médio; mas os islamitas nunca a aceitaram. Sua filosofia tem sido a da Irmandade Muçulmana, e a do seu principal porta-voz intelectual Sayyid Qutb que, em seu grande comentário sobre o Corão[4] e em sua polêmica menor, *Milestones*, argumentou que a vontade de Deus, tal como revelada no Corão e na vida do Profeta, é a única fonte legítima do direito; que todas as formas de autoridade secular são ilegítimas; e que o Estado-nação, com sua soberania puramente territorial, não apresenta nenhuma autoridade sobre aqueles que alega comandar.

A visão de Qutb ataca a sociedade civil bem no seu âmago, uma vez que ela nega a base da ordem civil no assentamento, torna o território insignificante e constrói o direito como um comando de cima para baixo oriundo de uma única fonte de autoridade: o onipresente "eu" que é o "eu" de Deus. Ele vai de mãos dadas com um recolhimento da sociedade civil e da ordem do consenso livre rumo aos laços imperativos da tribo. Daí a advocacia da irmandade (*Ikhwan*) como

---

[4] Sayyid Qutb, *Fi Zilal al-Qur'an* [À Sombra do Corão], 1954 em diante.

a verdadeira alternativa à nacionalidade e ao Estado-nação. O desejo por irmandade está associado à crença de que a tribo e a família são as verdadeiras fontes da sucessão legítima – uma crença que causou os cismas dos quais o Islã sempre padeceu. Não deveríamos considerar a associação da visão de um comando divino do direito com a ordem tribal e o apelo à irmandade como meramente acidental: todos os três envolvem uma reversão à comunidade de caçadores-coletores, que descrevi no último capítulo. O conflito entre Caim e Abel, cujas consequências podem ser discernidas ao longo de todo o Antigo Testamento, ainda está se desenvolvendo no Corão.

A longa experiência de assentamento encoraja a visão de que o direito não é um sistema de comandos, que caiu como uma chuva sobre a sociedade humana vindo da estratosfera divina, mas sim um resíduo dos acordos humanos. O direito não nos diz o que fazer, mas sim o que não fazer; ele nos deixa livres para buscar nossos próprios objetivos, dentro de limitações laterais que expressam o consenso de nossos vizinhos. Sua autoridade não deriva de Deus, mas do homem, e sua jurisdição é definida pelo território compartilhado, e não pela fé, família ou tribo. Essa foi a concepção do direito que surgiu na pólis grega e que foi transformada pelos juristas romanos em um sistema universal.

Tudo isso deveria ser evidente para os cidadãos britânicos e americanos, que desfrutaram do benefício inestimável do direito comum – um sistema que não foi outorgado por algum poder soberano, e sim desenvolvido pelos tribunais, em suas tentativas de fazer justiça nos conflitos individuais. Nosso direito é um sistema "de baixo para cima", que se dirige ao soberano com o mesmo tom de voz que usa para se dirigir ao cidadão – ou seja, insistindo que a justiça, e não o poder, prevalecerá. Daí por que se tornou evidente desde a Idade Média que o direito, mesmo que dependa de um soberano para sua imposição, também pode depor o soberano se ele tentar desafiá-lo. Essa característica do direito comum vai de mãos dadas com sua habilidade de providenciar soluções criativas para os problemas sociais e os conflitos, de uma forma sensível aos desejos e às necessidades dos indivíduos. O direito comum é talvez o exemplo mais vívido que temos do triunfo das soluções razoáveis sobre nossos impulsos instintivos.

Uma sociedade de pessoas assentadas mantém-se unida tanto pelo território quanto pela religião e, de fato, no tempo devido, a religião pode decair ou se fragmentar sem danificar o estado de direito. Os mandamentos de Deus são importantes, porém eles não são vistos como suficientes para o bom governo das sociedades humanas: em vez disso, eles são considerados como *limitações*, nas formas delineadas no Capítulo 6. As leis morais e espirituais governam a vida moral, mas não regulam a sociedade, que é uma associação de indivíduos livres, cada um com seus propósitos. As leis morais e espirituais precisam, portanto, ser suplementadas por outro tipo de lei, que responda às formas variáveis do conflito humano. Isso foi deixado perfeitamente claro por Jesus na parábola sobre o dinheiro dos impostos ("Dai a César o que é de César, e a Deus o que é de Deus") e pela doutrina papal das "Duas Espadas" – as duas formas de lei, a humana e a divina, das quais o bom governo depende.[5] O direito garantido por nossos tribunais demanda que as partes se submetam somente à jurisdição secular. Ele trata todas as partes como indivíduos responsáveis, agindo livremente em seu próprio benefício. O direito existe a fim de resolver conflitos entre seres livres, não a fim de conduzi-los à salvação.

O contraste entre a ordem da cidade e a ordem da tribo, portanto, vai de mãos dadas com outro, entre a jurisdição territorial e a divina. O sentimento cívico marginaliza as lealdades da família, da tribo e da fé, e coloca diante da mente do cidadão, como o foco do sentimento patriótico, não uma pessoa ou um grupo, mas um lugar. Esse lugar é a cidade e seu território, definido pela história, pela cultura e pelas

---

[5] Defendi essa posição extensamente na obra *The West and the Rest*. Wilmington, DE, ISI Books, 2002.

leis que o tornaram *nosso*. A lealdade territorial é composta de terra, junto com a narrativa de sua posse. Essa foi a lealdade do cidadão grego para com a pólis; e tal tem sido a lealdade dos europeus para com a terra de seu nascimento.

É essa forma de lealdade territorial que tem permitido às pessoas nas democracias ocidentais existir lado a lado, respeitando os direitos de cada um como cidadãos, apesar de diferenças radicais na fé, e sem nenhum laço familiar, de raça ou de costumes de longo prazo para sustentar a solidariedade entre elas. Esse é o fundamento da sociedade de estranhos, vivendo em paz entre si e administrando suas diferenças por meio do consentimento. Não há possibilidade de que a humanidade imperfeita consiga encontrar um arranjo geral melhor do que esse. Certamente, esse arranjo pode ser aperfeiçoado, assim como pode se degenerar; porém, as alternativas radicais invariavelmente terminam por destruir o fundamento do "nós", colocando em seu lugar o tirânico "eu".

Na obra *Muqaddimah* – o prólogo para a sua história universal – o polímata tunisiano do século XIV Ibn Khaldun argumentou que a ordem da cidade é essencialmente frágil, destinada a ceder o passo sob o efeito do lazer e da luxúria, e a perder a capacidade de se defender contra a ordem da tribo. As tribos que cercam a cidade são mantidas unidas pela *'asabiyah*, um tipo de força pré-política que une a tribo da mesma forma que um tendão (*'asab*) une um membro do corpo. A própria cidade se mantém coesa somente pela força débil da política, ela própria sujeita à corrupção da luxúria e do interesse pessoal. A teoria de Ibn Khaldun não abrange corretamente a cidade ou a nação como os ocidentais a entendem, ainda que ela certamente contenha um alerta para nós, aqui, agora. E ela reflete a experiência de muitos muçulmanos, para os quais a lealdade territorial e a jurisdição secular têm sido frágeis e provisórias, e que retornaram ao *Ikhwan* tribal e à "sombra do Corão" sempre que a sociedade de estranhos parecia ser uma forma de laço social fraco demais.

Isso indubitavelmente é o que estamos presenciando agora, não apenas no Paquistão e entre os sunitas *wahhabi* da Arábia Saudita, mas também onde quer que os refugiados da *shari'ah*[6] tenham tentado se estabelecer, levando sua visão de uma comunidade transcendental em seus corações. E é um desenvolvimento que nos interessa profundamente. A al-Qaeda é um produto das falácias que descrevi neste livro. Ela promete um plano divino, um governo de cima para baixo e uma visão utópica; e considera o sucesso dos outros como uma razão para puni-los. Ela está alinhada com o espírito móvel, seguindo uma trilha irresistível em direção ao mundo em que todos os bens prometidos pelo Profeta serão realizados ao mesmo tempo, e o mundo de compromisso e meias medidas será finalmente deixado para trás.

Tem sido o meu propósito defender esse mundo de compromisso e de meias medidas. Muitas tentativas foram feitas pelos utópicos e planejadores para destruí-lo. Porém, o desejo de soluções negociadas, o hábito de conceder aos outros a liberdade para discordar e a liberdade de ser, a deferência ao costume estabelecido – tudo isso ainda existe. E está associado a dois hábitos que são, creio, as bênçãos de longo prazo do assentamento e o legado espiritual de nosso modo europeu de viver: os hábitos do perdão e da ironia.

A felicidade não resulta de uma busca do prazer e tampouco é garantida pela liberdade. Ela surge do sacrifício: essa é a grande mensagem que nos chega por meio de todos os trabalhos memoráveis de nossa cultura. Trata-se da mensagem que foi perdida em meio à algazarra das falsas esperanças, mas que, parece-me, pode ser ouvida mais uma vez se devotarmos nossas energias a sua recuperação. Na tradição judaico-cristã, o ato primário de sacrifício é o perdão. Aqueles que perdoam sacrificam o ressentimento, e renunciam dessa forma a alguma coisa que era cara a seus corações. O perdão significa

---

[6] Sharia, a lei islâmica. (N. T.)

abandonar a postura do "eu", prestando total deferência ao "nós". Ele é o padrão da civilização, e o hábito que a torna possível.

O perdão pode ser oferecido somente sob certas condições, e uma cultura do perdão é aquela que implanta essas condições no coração. Você só pode perdoar aqueles que o feriram se eles admitirem a sua falta: e o reconhecimento não é apenas uma atitude cognitiva. Ele não é alcançado ao dizermos "sim, é verdade, foi isso mesmo que eu fiz". Ele exige penitência e expiação. Através desses gestos de auto-humilhação, o malfeitor consegue tocar sua vítima e restabelecer a igualdade moral que torna o perdão possível. Na tradição judaico-cristã tudo isso é bem conhecido, e foi incorporado aos sacramentos da Igreja Católica Romana bem como aos rituais e à liturgia do Yom Kippur. Herdamos daquelas fontes religiosas a cultura que nos permite confessar nossos erros, recompensar nossas vítimas e considerar-nos responsáveis pelas questões em que nossa livre conduta possa prejudicar aqueles que têm motivos para confiar em nós. A prestação de contas em cargos públicos é simplesmente uma manifestação dessa herança cultural, e não deveríamos nos surpreender que ela seja a primeira coisa a desaparecer quando os utópicos e os planejadores entram em cena. E tampouco deveríamos nos surpreender que ela esteja inteiramente ausente do mundo dos islamitas – apesar de o perdão ocupar um lugar importante na prática do Islã e na moralidade do Corão.[7]

Da cultura do perdão surge o outro hábito que nos ajuda a ficar confortáveis em uma sociedade de estranhos. Trata-se da ironia, e me refiro ao hábito do reconhecimento da alteridade de todas as coisas, inclusive a nossa. Por mais convencido que você esteja da correção de

---

[7] Ver, por exemplo, Corão, 13, 22. Isso não quer dizer que a mensagem do Corão seja idêntica, nesse respeito, ao conteúdo da tradição judaico-cristã. Tanto Jesus quanto o Rabino Hillel colocaram o amor e o perdão no centro da moralidade; para o Corão, contudo, aquele lugar central é ocupado pela submissão. O amor e o perdão podem ser *sinais* de submissão, mas não é disso que ela consiste.

suas ações e da verdade de suas opiniões, encare-as como as ações e opiniões de outra pessoa, e modifique-as de acordo com esse hábito: esse é o princípio pelo qual, em nossos melhores momentos, queremos viver. Como os diálogos de Platão demonstram, a ironia foi a graça definidora da cidade-Estado grega. Certo culto da ironia foi passado adiante por meio da comédia romana à literatura da Idade Média, para atingir a expressão sublime nas obras de Chaucer e Boccaccio. E a ironia tampouco esteve ausente na literatura do islã, como conhecemos através de *As Mil e Uma Noites* e da piedade sorridente dos poetas sufi, muito censurados hoje na sua terra natal.

A ironia é bem diferente do sarcasmo: é um modo de aceitação, em vez de um modo de rejeição. E ela aponta para ambos os lados: por meio da ironia eu aprendo a aceitar tanto o outro para quem dirijo meu olhar, quanto a mim mesmo, aquele que está olhando. A ironia não é livre de julgamento: ela simplesmente reconhece que aquele que julga é também julgado, e julgado por si mesmo. E ela abre o espaço no qual uma racionalidade coletiva – aquela que reconhece os outros mesmo quando desconhece todos os seus desejos – pode crescer no âmago das coisas.

O perdão oferece a oportunidade de reparar as coisas, de sair de um conflito para a sua resolução, e de silenciar o clamor pela vingança. No mundo do *Ikhwan* outra regra prevalece: "eu e meu irmão contra meu primo; eu e meu primo contra o mundo", como diz o provérbio árabe. E a partir dessa regra vem a vingança de sangue, a retirada para o seio familiar e a destruição da praça pública. Pesquisas de opinião recentes sugerem que a maioria dos muçulmanos está estarrecida pela conduta dos islamitas, e está tão ansiosa para encontrar uma forma de viver mediante compromissos pacíficos quanto seus vizinhos não muçulmanos.[8] Ainda assim, a mentalidade do Pleistoceno dos islamitas é indiferente à opinião pública, e arrogou a si mesma a tarefa –

---

[8] Ver www.WorldPublicOpinion.org.

semelhante àquela adotada pelo pequeno grupo de bolcheviques em 1917 – de destruir totalmente as formas estabelecidas de governo. Ela é atraída para o terrorismo não por qualquer coisa que possa ser obtida por intermédio dele, mas sim porque o terrorismo é um refúgio contra o acordo e um retorno ao "eu" totalmente imperativo.

O terror é, portanto, não uma tática utilizada para alcançar algum objetivo negociável. Ele é um fim em si mesmo e uma fonte de exultação. Mesmo quando há um objetivo, o terror permanece desconectado dele. E o objetivo geralmente é vago e utópico, chegando às raias da irrealidade. A impossibilidade da realização é parte do propósito – uma forma de justificar a renovação constante da violência. E os terroristas podem igualmente não ter causa nenhuma, ou podem se dedicar a uma causa tão vaga e metafisicamente caracterizada que ninguém (muito menos eles) é capaz de acreditar que ela seja alcançável. Assim eram os niilistas russos, como Dostoiévski e Turgenev os descreveram. Também era assim a Brigada Vermelha italiana e a gangue alemã do *Baader-Meinhof* da minha juventude. Como Michael Burleigh demonstra, em seu estudo magistral *Blood and Rage*,[9] o terrorismo moderno tem estado muito mais interessado na violência do que em qualquer coisa que possa ser obtida por meio dela. Isso é tipificado pelo Professor de *O Agente Secreto*, de Joseph Conrad, que ergue o seu copo "para a destruição de tudo que está aí".

O terrorismo, dessa forma, está diretamente ligado à falácia utópica. O caráter vago ou utópico da causa significa que tudo é permitido em sua persecução. A causa faz parte de uma busca pelo significado: é o ponto alto da mentalidade do "eu", que vê as outras pessoas como um meio de autoexaltação. Para matar alguém que não o ofendeu, nem deu algum motivo justo para vingança, é preciso que você acredite estar vestindo algum tipo de capa angelical justificadora. Nesse

---

[9] Michael Burleigh, *Blood and Rage: A Cultural History of Terrorism*. London, HarperPress, 2008.

ponto, você começa a encarar as mortes como uma comprovação de que você é de fato um anjo. Sua própria existência representa a prova ontológica definitiva desse fato. A exultação buscada pelos terroristas é, caracteristicamente, uma exultação moral, uma sensação de estar além do alcance do julgamento humano ordinário, irradiado por uma permissão autoassumida do tipo daquela desfrutada por Deus. Mesmo em sua forma mais secularizada, portanto, o terrorismo envolve um tipo de apetite religioso. Ele expressa o desejo primitivo pelo "eu" coletivo, que viceja nas emergências e por meio delas, guiado pelo espírito móvel, e sem a necessidade nem tampouco a habilidade de efetuar compromissos com estranhos.

Naturalmente, os terroristas estão cercados por uma sociedade de outro tipo. Eles estão no meio de uma comunidade assentada. E o terrorista encara isso como uma censura. É, de certa maneira, tão difícil para ele como o é para você, ou para mim, matar a inocente senhora Smith e seus filhos enquanto eles fazem as compras da família. Daí a sua *gran rifiuto*[10] não poder começar simplesmente com um desejo de matar. A senhora Smith tem que se transformar em algo mais – um símbolo de alguma condição abstrata, um tipo de encarnação de um inimigo universal com o qual o terrorista está preso em um conflito de soma zero. Portanto, os terroristas dependem de doutrinas que retirem a humanidade das pessoas que eles transformam em alvo. O alvo é o Grande Satã, tal como ele se manifesta na senhora Smith. Ou então é a classe a que ela pertence: a burguesia, por exemplo, o "inimigo de classe", que tem a mesma função na ideologia bolchevique que o judeu tinha na ideologia dos nazistas. A senhora Smith e suas crianças estão atrás do alvo, que é o Grande Satã, a família burguesa abstrata ou a Conspiração Sionista Mundial. Acontece que, quando a bomba atinge o seu alvo constituído de ficções, os estilhaços atravessam com facilidade o corpo real da senhora Smith. Pena

---

[10] Grande Recusa, em italiano. (N. T.)

para a sua família, e frequentemente você descobrirá os terroristas fazendo um tipo de apologia abstrata, dizendo que não foi por culpa deles que a senhora Smith acabou sendo executada, e que realmente as pessoas não deveriam ficar atrás dos alvos daquela forma.

Os terroristas islamitas são animados, em algum nível, pela mesma busca atormentada à unidade original da tribo e pela mesma necessidade de ficar acima de suas vítimas, em uma postura de justificativa transcendental. As ideias de liberdade, de igualdade ou de direito histórico não apresentam nenhuma influência no seu pensar, e eles não estão interessados em possuir os poderes e privilégios de que seus alvos desfrutam. As coisas deste mundo não apresentam valor real para eles, e se eles algumas vezes parecem mirar o poder é somente porque o poder lhes permitiria estabelecer o reino de Deus – um objetivo que eles, como a maioria de nós, sabem ser impossível e, portanto, infinitamente renovável na esteira do fracasso. Seu descuido com a vida dos outros só é comparável a seu descuido com a própria vida. A vida para eles não apresenta nenhum valor particular, e a morte acena constantemente do horizonte próximo de sua visão. E é na morte que eles percebem o único significado que importa: a transcendência final deste mundo, e da prestação de contas aos outros que esse mundo demanda de nós.

As pessoas de sentimento liberal acham difícil aceitar que um motivo desses exista. Eles preferem acreditar que todos os conflitos são políticos, relacionados com quem tem poder sobre quem. Eles tendem a acreditar que a causa do terrorismo islamita está na "injustiça social" contra a qual os terroristas estão protestando, e que seus métodos lamentáveis são necessários pelo fato de que todas as outras tentativas de corrigir as coisas fracassaram. Isso me parece ser uma radical má interpretação dos motivos do terrorismo em geral e do islamismo em particular. O terrorista islamita, assim como o niilista europeu, está principalmente interessado nele mesmo e em sua condição espiritual, e não tem nenhum desejo real de mudar as coisas no assentamento que o cerca, ao qual ele não pertence. Ele quer pertencer a Deus, não ao mundo, e sua forma de prestar testemunho da lei de Deus e de seu reino é a destruição de tudo que fica no caminho, seu próprio corpo incluído. A morte é seu ato final de submissão: por meio da morte ele se dissolve em uma nova e imortal irmandade. O terror infligido pela sua morte tanto exalta o mundo da irmandade quanto lança um golpe devastador contra o mundo rival dos estranhos, em que a cidadania, e não a irmandade, é o princípio unificador.

"Os melhores não têm nenhuma convicção, enquanto os piores são tomados de uma intensidade passional." As famosas palavras de Yeats foram escritas em 1919, muito provavelmente como uma reação à Revolução Russa, e como parte de uma visão apocalíptica da destruição ainda por vir. Porém, elas podem ser lidas de outra forma, como uma verdade universal. A transição da caça para o assentamento permite o surgimento da melhor comunidade a que os humanos podem aspirar – uma comunidade sem convicção, em que ninguém acredita ter o direito divino ou o dever histórico de fazer guerra contra aqueles que discordam dele: uma comunidade em que a ironia floresce e o perdão tem uma chance. É claro que tal comunidade não está *inteiramente* privada de convicção. Ela depende das limitações, de uma percepção do sentido da vida e da fé tranquila que mantém aquelas coisas funcionando por meio de dificuldades e tensão. Porém, ela será profundamente oposta à "vida de convicção", na qual um compromisso onipresente oblitera as hesitações que são o melhor que podemos esperar, quando perquirimos o futuro de longo prazo da humanidade.

Os piores são precisamente aqueles que querem varrer a comunidade assentada de estranhos e impor em seu lugar uma "irmandade" divinamente ordenada ou a unidade conscrita de uma sociedade em guerra. Os melhores são aqueles que não estão mais convencidos a respeito de nada, não mais do que estão convencidos de que as convicções não devem importar. Robespierre, Lênin, Hitler,

Sartre, Mao e Bin Laden não compartilham muitas características. Porém, eles estão unidos em uma coisa, que é aquela "intensidade passional" que vem da exigência de convicção e unidade no lugar de assentamento e dúvida.

É por isso que deveríamos reconhecer que o confronto em que estamos envolvidos não é político; ele não é o primeiro passo rumo a uma negociação ou uma chamada para prestar contas. É um confronto existencial entre o "eu" coletivo da beligerância e um "nós" negociado que não representa coisa alguma exceto a mão invisível da política consensual. Ver as coisas dessa forma demanda que examinemos a nossa condição de outra forma que não a do otimista e a do entusiasta. Envolve tentar compreender a primeira pessoal do plural de que fazemos parte, e abrir espaço para os outros em tudo que pensamos e fazemos. Isso significa deixar de viver por meio de esquemas e planos, deixando de culpar os outros por nossos enganos e fracassos, deixando de pensar a nosso respeito como se fôssemos dotados de algum tipo de inocência angelical que somente a corrupção da sociedade nos impede de exibir e de desfrutar. Envolve uma postura de solicitude – solicitude com as instituições, os costumes e as soluções consensuais. Envolve um reconhecimento de que é mais fácil destruir do que criar, e de que cumprimos a nossa missão na terra se cuidamos do pequeno canto que é nosso, e levamos este "nosso" ao coração.

O contraste que delineei entre dois tipos de raciocínio, um feito para as emergências, o outro buscando o acordo e o compromisso, reflete uma dualidade fundamental na condição humana. As pessoas podem se unir por trás de um líder na perseguição de um objetivo, acreditando que receberão uma parcela justa do butim; ou elas podem cooperar, negociar e se comprometer, criando um espaço público em que os objetivos se diversificam, os bens são produzidos e as relações livres começam. No mundo dos comandos e dos planos a vida é barata, como é em tempo de guerra e como era naquela busca primitiva por território. No mundo da cooperação e do compromisso a vida é preciosa: ela é tudo para cada um de nós, e negociamos para protegê-la.

Ambas as disposições de espírito são necessárias. As falácias que diagnostiquei neste livro surgem não porque o pensamento que elas exemplificam seja absurdo, e sim porque ele demanda a aplicação de uma atitude de guerra em tempos de paz e de cooperação social. Nas emergências precisamos mudar do consenso para o comando, da liberdade para a submissão, e da ordem do mercado à ordem do plano. Colocamos de lado a história da cooperação humana, de modo a retornar para a luta de vida e morte na qual nosso mundo começou. E porque a forma de compromisso "carece de toda a convicção", muitas pessoas – homens jovens em especial – estão descontentes com ela. Eles anseiam pelo compromisso que os absorverá e liquidará os seus objetivos individuais; eles aspiram por um plano unificado que suprimirá a carga da prestação de contas, e pelo encontro de soma zero com o inimigo que os convocará para o sacrifício. Daí, portanto, no meio da comunidade assentada, existirá um desejo por outra ordem, mais visceral e mais profundamente unificada. E esse desejo será expresso com uma "intensidade passional" que constantemente será inclinada à violência.

Na religião, também, essas contrastantes disposições de espírito lutam entre si, e podemos ver o seu conflito exemplificado nos dois Testamentos da Bíblia Cristã. O Antigo Testamento descreve a consequência daqueles primeiros passos rumo ao assentamento: as tribos em guerra, unidas por trás de reis guerreiros, buscando território, saqueando e matando em nome do Senhor. Os profetas aparecem, alertando contra a esperança fútil pela salvação terrena. Porém, eles são expulsos, e a loucura continua, até que tudo tenha sido destruído por ela e nada subsista exceto as lamentações de Jeremias.

O Novo Testamento descreve uma comunidade assentada, vivendo sob jurisdição estrangeira, porém mantendo sua lei religiosa e seus costumes. Nessa comunidade aparece um profeta de um tipo novo –

que não apenas alerta contra o pecado e a lassidão, mas que se descreve como o caminho, a verdade e a vida. Ele prega novas formas de pensar, novas formas de viver, sem planos, comandos ou ordens de marchar, porém confiando tudo ao amor de Deus e ao amor do vizinho. Ele advoga a mansidão e a compaixão, e nos ensina que devemos pedir a Deus que perdoe nossas ofensas, "assim como nós perdoamos a quem nos tem ofendido". E ele ilustra a sua mensagem por meio de seu próprio exemplo assombroso, oferecendo-se como sacrifício e perdoando seus torturadores, "pois eles não sabem o que fazem".

É certamente possível ver, nessa nova atitude para com a vida religiosa, o registro de uma grande transição no pensamento social, do reino dos comandos àquele das relações livres entre pessoas que, embora não constituam nenhuma unidade de propósito, veem umas às outras como ligadas pelas regras básicas de cooperação. Judaísmo, hinduísmo, confucionismo e budismo mostram a mesma evolução, e se o islã é um problema no mundo de hoje, certamente o é por causa de sua abordagem de comandos de cima para baixo em relação à vida moral, e sua ênfase na submissão em vez de no perdão como o princípio unificador da sociedade. O otimismo dos islamitas, tal como o dos revolucionários ao longo dos séculos, licencia todo tipo de destruição baseado na necessidade e no plano de longo prazo. Ele ignora todos os fatos que tornam o plano de longo prazo absurdo e sua necessidade uma ilusão voluntária. Devemos nos afastar dessas visões abrangentes e manter em nossas mentes a imagem da imperfeição humana. Devemos reconhecer que qualquer liberdade, felicidade e afeição que possamos conquistar para nós mesmos dependem da cooperação com pessoas tão fracas e autocentradas quanto nós mesmos. Em suma, devemos colocar as verdadeiras esperanças no lugar das falsas esperanças, a ironia no lugar da unidade, e o perdão no lugar da submissão.

Capítulo 12 | Nosso Futuro Humano

Os pós-humanistas e os distópicos dizem que nossa natureza está mudando. Porém, o futuro transumano que é bem-vindo por uns, causa alarme e apreensão aos outros. Os distópicos veem futuros em que algum aspecto precioso da condição humana – liberdade, amizade, amor, infância – tenha desaparecido, deixando uma paisagem gélida sem um traço de nossos reconhecidos confortos. Os transumanistas reagem, dizendo, é claro, que *nós* não poderíamos estar à vontade nesse novo mundo; mas tampouco existiremos nele. Seremos substituídos por ciborgues, projetados para se adaptar sem nenhum esforço a seu novo ambiente, assim como nos adaptamos ao nosso. Os transumanistas não se preocupam com o *Admirável Mundo Novo* de Huxley: eles não acreditam que as virtudes e as emoções ultrapassadas lamentadas por Huxley tenham muito futuro de qualquer forma. A coisa importante, eles nos dizem, é a promessa de poder crescente, escopo crescente, habilidade crescente de derrotar os inimigos de longo prazo da humanidade, tais como a doença, o envelhecimento, a incapacitação e a morte.

Entretanto, a quem eles estão dirigindo seu argumento? Se for dirigido a você e a mim, por que deveríamos levá-lo em consideração? Por que deveríamos estar trabalhando em prol de um futuro em que criaturas como nós não existirão, e em que a felicidade humana tal como a conhecemos não será mais passível de ser obtida? E será que todas aquelas coisas que jorraram da caixa de Pandora são realmente nossas inimigas – inimigas maiores, isto é, do que a falsa esperança que guerreia com elas? Os seres civis que descrevi no capítulo anterior dependem do amor e da amizade para sua realização. Sua felicidade está em consonância com sua liberdade, e não pode ser separada dos limites que tornam a liberdade possível – liberdade real, concreta, em oposição à liberdade abstrata dos utópicos. Todas as coisas profundas nesses seres civis dependem de sua condição mortal, e embora eles possam resolver seus problemas e viver em paz com seus vizinhos, eles só podem fazê-lo por meio do "nós" consensual que vem com o compromisso e o sacrifício. Eles não são, e não podem ser, o tipo de ciborgue pós-humano que se regozija com a vida eterna, se é que isso é vida. Eles são conduzidos por amor, amizade e desejo; por ternura pela vida jovem e reverência para com os anciãos. Eles vivem de acordo com a regra do perdão, em um mundo onde as ofensas são reconhecidas e os erros confessados. Todo o seu raciocínio está predicado sobre essas condições básicas, e eles se esforçarão para conservar o mundo que foi construído em cima dessas premissas.

Os transumanistas regozijam-se no futuro. Entretanto, eles não estão prevendo tanto quanto estão escapando. Eles cultivam o mesmo tipo de apego às irrealidades que os otimistas inescrupulosos discutidos ao longo deste livro; e seus cenários da melhor hipótese estão predicados em esperanças tão falsas quanto qualquer outra nutrida pelos utópicos. Nos textos de Ray Kurzweil, Max More e Eric Drexler, deparamo-nos com a agregação entusiasmada de muitas coisas que eles imaginam ser boas: poder, abrangência, independência da doença e da degeneração.[1] Vemos a atitude familiar de fazer tábula rasa do ser humano, que nos diz que podemos descartar as bênçãos da história e confrontar uma nova liberdade, em que os compromissos e

---

[1] Ver Max More, "Principles of Extropy", 1990; K. Eric Drexler, *Engines of Creation: The Coming Era of Nanotechnology*. New York, Anchor Books, 1986.

as limitações que no passado nos condicionaram foram colocados de lado. Existe até mesmo, creio eu, um traço da falácia utópica nas "previsões" de Kurzweil, cujo mundo futuro, em que as pessoas são armazenadas como as informações, envolve confusões radicais com relação à identidade pessoal.[2] O futuro dos transumanistas é forçado sobre nós com base na premissa de sua própria impossibilidade.

Os transumanistas podem parecer estar muito longe, em seu raciocínio, da tribo do Pleistoceno que imaginei no Capítulo 10. Porém, eles estão sob o domínio das mesmas necessidades coletivas – necessidades que confrontaram nossos ancestrais até a era do assentamento, mas que persistem na atualidade só para nos perturbar. Os transumanistas nos mostram um futuro que é "necessário", um destino determinado pelo espírito móvel do progresso científico. Ignorar esse futuro não significa resistir a ele, e sim devotar os recursos limitados de nosso intelecto às únicas coisas em que ele pode ser aplicado com sucesso, que são as realidades presentes e as pessoas contidas nelas.

Em vez de nos perdermos em meio a essas esperanças irreais, portanto, deveríamos refletir novamente sobre a nossa natureza de criaturas assentadas e negociadoras, e nos concentrarmos na tarefa imediata, que é examinar com ironia e isenção a nossa condição de fato, e estudar como viver em paz com aquilo que encontramos.

---

[2] Ver o relato sobre identidade pessoal em David Wiggins, *Sameness and Substance Renewed*. Cambridge, Cambridge University Press, 2001, cap. 7.

Do mesmo autor, leia também:

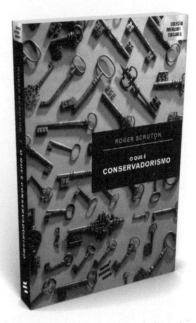

Neste livro, o filósofo britânico Roger Scruton analisa a obra de catorze intelectuais da chamada Nova Esquerda, entre os quais E. P. Thompson, Michel Foucault, Antonio Gramsci, Louis Althusser, György Lukács, J. K. Galbraith e Jean-Paul Sartre. Antes de tratar dos autores individualmente, Scruton procura esclarecer o que é a esquerda e por que escolheu abordar estes pensadores. Ao final, explicita a perspectiva subjacente a suas análises, de maneira a deixar claro de que ponto de vista partem as críticas feitas.

Este livro apresenta as ideias de base do conservadorismo: lealdade, obediência, comunidade e tradição. A visão conservadora da sociedade é aquela segundo a qual devem predominar as instituições autônomas e as iniciativas privadas, e em que a lei protege os valores compartilhados que mantêm a comunidade coesa, em vez do direito daqueles que a dissolveriam. A obra, que desafia tanto os que se consideram conservadores quanto seus oponentes, é reconhecida como a mais vigorosa e provocativa afirmação moderna da posição conservadora tradicional.